AF258599

GRAMMAIRE FRANÇAISE

DE

Un volume in-12 de 96 pages, cartonné, 40 cent.

1869

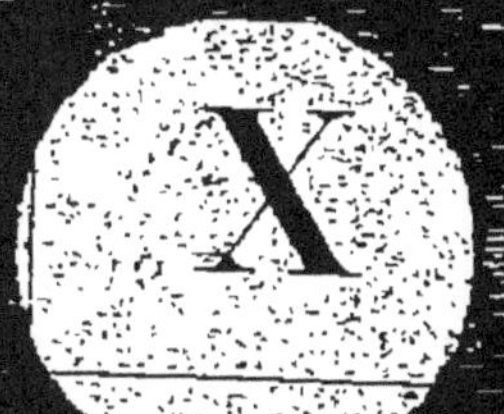

PRÉPARATION

A LA

GRAMMAIRE FRANÇAISE

OU

LA PRONONCIATION, L'ORTHOGRAPHE D'USAGE

ET LES DIX PARTIES DU DISCOURS.

PROPRIÉTÉ.

METZ,

WARION, Libraire-Éditeur, 8, rue du Palais.

1861.

1862

30773

Tout exemplaire non revêtu de la signature de l'Éditeur sera réputé contrefait.

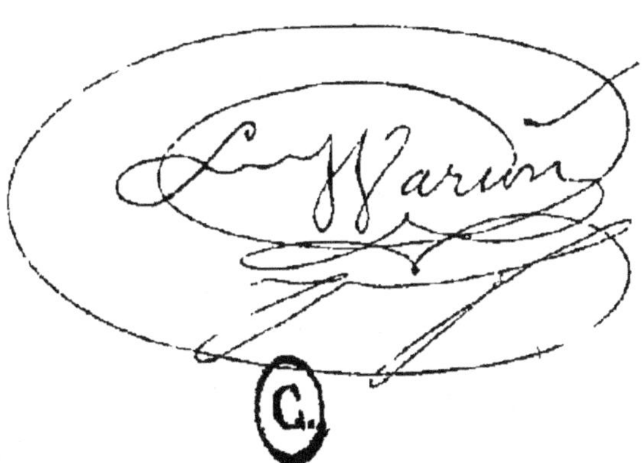

Metz, Imprimerie et Lithographie NOUVIAN.

PRÉFACE.

La prononciation et l'orthographe usuelle offrent aux enfants des difficultés nombreuses, par suite des bizarreries et des irrégularités de notre langue. Sans doute l'usage, qui est le meilleur guide à cet égard, pourra leur apprendre la vraie prononciation et l'orthographe correcte des mots; mais que de temps il leur faudra pour arriver à ce résultat, s'ils y arrivent. En effet, les meilleurs élèves mêmes, après avoir quitté les bancs, ne font ils pas encore des fautes grossières contre les lois de l'orthographe et de la prononciation?

Nous croyons donc qu'il serait avantageux de faire commencer dès le plus jeune âge cette étude qui est toute d'observation et de pratique et qui n'exige que le travail de la mémoire.

Nous sommes d'ailleurs bien convaincu qu'il est possible d'assurer et de hâter les progrès des jeunes élèves par des principes clairs et appropriés à leur âge. C'est le but que nous nous sommes proposé dans ce petit livre. Puissions-nous l'avoir atteint!

Nous commençons naturellement par la prononciation, qui nous a semblé devoir être le complément nécessaire des leçons de lecture. Toutefois nous n'exposons les diverses manières de prononcer les mêmes lettres ou les mêmes combinaisons de lettres que pour les cas les plus ordinaires. Le maître fera lire ce chapitre et veillera à ce que les mots soient toujours prononcés correctement. Il fera ensuite trouver par les élèves des exemples analogues à ceux de la règle en question ; il devra aussi provoquer ou donner l'explication des mots : exercices qui intéressent et amusent les enfants, en même temps qu'ils grossissent leur petit vocabulaire et développent leur intelligence.

Dans la seconde partie, nous traitons de l'orthographe d'usage. Mais comme il n'est pas possible de donner des règles fixes, nous avons formé des groupes successifs des mots dans lesquels les mêmes sons se trouvent représentés par des lettres différentes. Ces diversités de physionomie pour des cas identiques ne manqueront pas de frapper les yeux des enfants qui se graveront dans la mémoire d'une manière ineffaçable les caractères propres à chaque mot. Ici l'écriture viendra au secours de la lecture. Après avoir lu chaque leçon, en prononçant les mots conformément aux principes établis, l'élève la copiera jusqu'à ce qu'il l'écrive sans faute. Ensuite on la lui dictera, en exigeant qu'il reproduise chaque mot correctement et de mémoire, soit au tableau noir, soit sur cahier.

La troisième partie est un petit cours de grammaire. Ces simples notions seront suffisantes pour que l'enfant sache distinguer les dix espèces de mots et qu'il comprenne le rôle de chacune d'elles dans le discours. Elles lui apprendront aussi à former le pluriel dans les noms, à mettre les adjectifs au féminin et au pluriel et à conjuguer les verbes réguliers.

Ces connaissances acquises, les élèves passeront avec plus de fruit à l'étude de la Grammaire.

PRÉPARATION

A LA

GRAMMAIRE FRANÇAISE.

CHAPITRE PREMIER.

PRONONCIATION.

INTRODUCTION.

1. — L'alphabet français comprend 25 lettres rangées dans l'ordre suivant : a, b, c, d, e, f, g, h, i, j, k, l, m, n, o, p, q, r, s, t, u, v, x, y, z.

Ces lettres se divisent en *voyelles* et en *consonnes*. Il y a six voyelles : *a, e, i, o, u, y*. On les appelle voyelles, parce que seules elles forment une voix, un son.

Il y a dix-neuf consonnes, savoir : *b, c, d, f, g, h, j, k, l, m, n, p, q, r, s, t, v, x,* z. Ces lettres s'appellent consonnes, parce qu'elles ne forment un son qu'avec le secours d'une voyelle placée avant ou après, comme *ba, be, bi, bo, bu; ca, ce, ci, co, cu; da, de, di, do, du; ab, ac, ad, af,* etc.

Suivant la méthode moderne de lecture, les consonnes se prononcent *be, ce* ou *ke, de, fe, ge* ou *gue, he, je, ke, le, me, ne, pe, que, re, se, te, ve, xe, ze* et sont toutes du genre masculin.

2. — Les consonnes *d, t,* sont appelées *dentales,* parce qu'on ne peut les prononcer sans que la langue touche les dents. *D* est la *douce* et *t,* la *forte* correspondante : *don, ton.*

Les consonnes *b, p,* ainsi que *v, f,* sont dites *labiales,* parce qu'elles se prononcent avec les lèvres. *B* est la *douce* et *p,* la *forte* correspondante : *Bois, pois; v* est la *douce* et *f,* la *forte* correspondante : *vaste, faste.*

Les *gutturales* sont *g*, *j*, qui sont *les* douces et *c*, *k*, *q*, *ch*, qui sont les fortes correspondantes : *goût, coup ; gai, quai ; jatte, chatte.* On les appelle ainsi, parce qu'elles se prononcent du gosier.

Les *sifflantes* sont *z* qui est la douce et *s* qui est la forte: *Zèle, selle.* On les nomme ainsi, parce qu'on les prononce avec une sorte de sifflement.

Les consonnes *l*, *m*, *n*, *r*, sont appelées *liquides*, parce qu'étant employées à la suite d'une autre consonne dans la même syllabe, elles sont coulantes et se prononcent aisément. La liquide *m* précède *b*, *p*, dans certains mots ; *Ombre, pompe.* La liquide *n* se trouve souvent devant *d*, *t ;* *antre*, *endroit.*

La consonne *x* est une *lettre double* qui équivaut à *cs*, *gs* ou *ss : luxe, examen, soixante.*

La lettre *h* est *muette* ou *aspirée.*

Elle est *muette*, quand elle ne se fait pas entendre, comme dans les mots suivants : *l'homme, l'honneur, l'histoire*, etc ; qu'on prononce comme s'il y avait *l'omme, l'onneur, l'istoire.*

Elle est *aspirée*, quand elle fait prononcer du gosier la voyelle qui suit, comme dans ces mots : la *haine*, le *hameau*, le *héros, cohorte*, etc. Ainsi l'on écrit et l'on prononce séparément les deux mots, *la haine* et non pas *l'haine ; les héros*, et non pas comme s'il y avait *les zhéros.*

3. — Il y a des voyelles représentées par deux ou plusieurs lettres, qui donnent un son unique dans la prononciation, comme *ai, ei ; au, eau ; eu, œu ; ou.* Exemples : *Balai, haine, saule, eau, feu, mou.*

Tels sont encore les sons simples : *an, am, en, em ; in, im, yn, ym, ain, aim, ein ; on, om ; un, um, eun*, que l'on appelle *voyelles nasales*, parce qu'on les prononce du nez.

Enfin il y a aussi des consonnes représentées par plusieurs lettres *ch, ph, gn, ill, gu, gh, qu ; bb, cc, ff, gg, ll, mm, nn, pp, rr, ss, tt*, qui se prononcent: *Che, fe, gne, ille, gue, gue, que, be, que, fe, gue, le, me, ne, pe, re, se, te.*

4. — On appelle *syllabe* une voyelle seule, ou bien une voyelle jointe à d'autres lettres qu'on prononce par une seule émission de voix. *Le, la, moi, nous*, sont des mots d'une syllabe, ou des *monosyllabes.* Dans le mot *avoir*, *a*

fait une syllabe , et *voir* en fait une autre. Tout mot qui a plus d'une syllabe se nomme *polysyllabe.*

5. — On nomme *diphthongue* la réunion de deux voyelles qu'on prononce d'une seule émission de voix, en faisant entendre un son double, comme *oi* dans *loi*, *ui* dans *nuit*, *ieu* dans *Dieu*, *oui* dans *oui*. Les diphthongues sont : *ia, ya, ié, iè, iai, io, yo, iau, ieu, yeu, ian, ien, ion, oi, oin, uin, ui, oui.*

6. — Pour indiquer que les voyelles *e, i, u,* dans certains mots, doivent se prononcer séparément de celle qui précède, on met au-dessus ce signe (··) que l'on appelle *tréma.* Ecrivez *hair, Saül, ambiguë* et prononcez *ha-ir, Sa-ul, ambigu-e.* Le tréma empêche qu'on ne prononce ces mots comme *haine, saule, fatigue.* Les mots *aieul, Caïn, Esaü, faïence, naïf, paien, poëte,* se prononcent *a-ieul, Ca-in, Esa-u, fa-ien-ce, na-if, pa-ien, po-ète.*

7. — La *cédille* est une petite figure (ç) qu'on met sous le *c* devant *a, o, u,* pour avertir qu'il doit avoir le son de *s,* comme dans *façade, façon, leçon, reçu.*

8. — L'*apostrophe* (') marque le retranchement d'une de ces trois lettres *a , e , i :* l'*épée,* pour *la épée ;* l'*homme,* pour *le homme ;* s'*il arrive,* pour *si il arrive.*

9. — Le *trait d'union* (-) se met le plus souvent entre deux mots tellement joints ensemble qu'ils n'en font plus qu'un : *avant-coureur, chef-d'œuvre, courte-pointe.*

DIFFÉRENTES SORTES D'E, VOYELLE Y,

VOYELLES LONGUES, BRÈVES ; ACCENTS.

10. — Il y a trois sortes d'*e* : *e* muet, *é* fermé, *è* ouvert.

L'*e muet,* comme à la fin de ces mots , *homme , monde ;* on l'appelle *muet,* parce que le son en est sourd et peu sensible.

L'*é fermé,* comme à la fin de ces mots, *bonté , café ;* cet *é* se prononce la bouche presque fermée.

L'*è ouvert,* comme à la fin de ces mots, *procès, accès, succès ;* pour bien prononcer cet *è ,* il faut appuyer dessus et desserrer les dents.

11. — L'*y* s'emploie le plus souvent pour deux i (ii) comme

dans *pays, moyen, joyeux*, que l'on prononce *pai-is, moi-ien, joi-ieux.* Il est alors placé après une voyelle.

Mais l'*y* n'a que le son de l'*i* simple, au commencement et à la fin du mot, ou bien quand il est entre deux consonnes : *yeux, dey, jury, analyse, pyramide, syllabe, synonyme.*

12. — Il y a des voyelles *longues* et des voyelles *brèves.*

Les voyelles *longues* sont celles sur lesquelles on appuie plus longtemps que sur les autres en les prononçant.

Les voyelles *brèves* sont celles sur lesquelles on appuie moins longtemps.

Par exemple, *a* est long dans *pâte* pour faire du pain ; il est bref dans *patte* d'animal.

e est long dans *tempête*, il est bref dans *trompette.*

i est long dans *gîte*, et bref dans *petite.*

o est long dans *apôtre*, et bref dans *dévote.*

u est long dans *flûte*, et bref dans *butte.*

13. — Pour marquer les différentes sortes d'*e* et les voyelles longues, on emploie trois petits signes que l'on appelle *accents*, savoir : l'accent aigu (') qui se met sur les *é* fermés, *bonté* ; l'accent grave (`) qui se met sur les *è* ouverts, *accès*, et l'accent circonflexe (ˆ) qui se met sur la plupart des voyelles longues, *âge, apôtre, flûte, gîte, pâte, tête, tempête.*

14. — Il y a des voyelles longues qui ne sont pas indiquées par l'accent circonflexe.

1° Toute voyelle suivie d'un *e* muet dans la même syllabe est longue : *armée, joie, joue, rue.*

2° Les voyelles nasales sont longues, quand elles sont suivies d'une syllabe qui commence par une consonne autre que *m* ou *n* : *jambe, timbre, tombe, humble, crainte, peintre, joindre.*

3° Une voyelle est encore longue, quand elle est suivie des syllabes finales *bre, re, se, ze : sabre, rare, empire, rose, vase, franchise, épouse, muse, gaze, seize.*

4° Il en est de même, s'il y a deux *r* ou deux *s* appartenant à la même syllabe : *barre, tonnerre, basse, classe.*

A.

15. — La lettre A sans accent ne se prononce pas toujours de la même manière. Tantôt elle a un son bref et aigu, comme dans les mots *place, glace, statue, carafe, campagne,* etc ; tantôt elle a un son grave plus ou moins long, comme dans ceux-ci *bas, cadre, gage, fable, nation, je gagne, miracle,* etc. Il n'y a que l'usage et l'oreille qui puissent faire sentir ces nuances délicates.

aen.

aen se prononce **an** dans *Caen*, nom de ville, que l'on prononce **can**.

ai.

ai sonne comme un **é fermé** dans *j'ai, quai, j'aimai, je serai,* etc ; comme un **è ouvert** dans *affaire, chaise, maison,* etc ; comme **e muet** dans *faisant, je faisais, nous faisons.*

ai, ais, ait, aient, aix.

ai, ais, ait, aient, aix se prononcent comme un **è** très-ouvert : *maître, jamais,* des *faits,* la *paix,* ils *rendraient,* etc.

Aix se prononce **èce** dans le nom de la ville d'*Aix* ; mais on dit *Aix-la-Chapelle*, comme s'il y avait **Aics**-la-Chapelle.

aï.

Les mots *laïc* ou *laïque, naïf, haïr,* etc. se prononcent *la-ic, na-if, ha-ir* ; mais quand l'**ï** est suivi d'une voyelle, on fait entendre un son mouillé, comme dans *aïeul, païen,* etc. Excepté **haïe,** *une personne haïe.*

aim, ain.

aim, ain ont le son nasal **in,** comme dans le *daim,* la *faim,* l'*essaim,* la *main,* le *bain,* l'*étain.*

am, an.

I. **am, an** se prononcent avec le son nasal **en** dans beaucoup de mots : *ange, ambition,* etc.

II. **am, an** se prononcent **ame, ane,** sans nasalité, dans les noms propres *Abraham, Amsterdam, Hoffmann,* etc. On excepte *Adam* que l'on prononce **adan**.

III. **am** suivi de **m** ou de **n** et **an** suivi de **n** perdent
le son nasal et se prononcent comme **a**. On dit *enflam-
mer, programme, condamner, année, anneau, annonce,*
etc., comme s'il y avait **enflâ-mer, progra-me, condâ-
ner, a-née, a-nonce.**

IV. On fait entendre les deux **m** ou les deux **n** dans
quelques mots. *Ammon, inflammation, grammaire, mam-
mifère, annotation, annales, annexe, Annibal,* se prononcent
comme s'il y avait **ame-mon, inflame-mation, ane-nota-
tion,** etc.

ao.

ao sonne comme **o** dans *Saône, faon, curaçao,* et l'on
dit **sône, fon, curaço.**

aon.

aon se prononce **an** dans *faon, paon* et *Laon,* nom de
ville, qu'on prononce *fan, pan, lon.*

aou.

aou se prononce **ou** dans *août* et dans *saoul, saouler,* que
l'on écrit plutôt *soûl, soûler.*

au.

au se prononce généralement comme la voyelle longue
ô ; *aussi, autant, auteur,* etc. Cependant on le prononce
comme **o** bref dans *Paul, laurier, mauvais, aurore,* etc.

ay.

ay se prononce presque comme **è ouvert** à la fin des
mots *Douay, Stenay, Épernay,* etc.

Dans ces mots *pays, payer,* l'**y** a la valeur de deux **i** et
l'on prononce comme s'il y avait **pai-is, pai-ier.** Mais l'**y**
n'a que la valeur d'un seul **i** dans ces mots :

Bayard,	Biscaye,	Cipaye,	Mayence,
Bayeux,	Blaye,	Lafayette,	Mayenne, etc
Bayonne,	Cayenne,	les Lucayes,	

que l'on prononce comme s'il y avait *Ba-iard, Ca-ienne.*
On a même aujourd'hui remplacé l'**y** par **i** dans *aïeul, aïeux,*
baïonnette, caïeu, camaïeu, faïence, païen.

B.

16. — Cette lettre, qui ne se fait pas entendre à la fin des mots *plomb, Doubs, Colomb*, se prononce dans *Job, Jacob, radoub*, etc. et dans le corps des mots: *absorber, observer, subsister*, etc.

Quand il y a deux **b** de suite, on n'en prononce qu'un seul et l'on fait brève la voyelle qui les précède: *abbé; abbaye, sabbat*, etc.

C.

17. — I. Cette lettre, qui a le son de **s** devant **e, i,** *ceci, cela*, se prononce comme **ke** ou **que;** 1° devant **a, o, u, ou,** *calice, coffre, cave, cuve, couleur*, etc.; 2° quand elle est suivie d'une autre consonne, *clair, crédule*, etc.

II. **c** se fait généralement entendre à la fin des mots et se prononce **ke:** *arc, bec, suc, duc, lac, porc, basilic*, etc.

Mais le **c** ne se prononce pas 1° à la fin des mots *accroc, broc, clerc, croc, escroc, estomac, échecs* (jeu), *lacs* (piége), *tabac*, etc.; 2° après les voyelles nasales **an, on,** comme dans *banc, blanc, jonc*, etc.; 3° dans ces locutions *porc frais, porc salé.* On dit cependant en faisant liaison, *du blanc au noir, croc-en-jambe, franc étourdi, échec et mat,* comme s'il y avait **du blan-kau noir.**

Le **c** qui termine le mot *donc* ne se prononce que devant une voyelle, ou quand ce mot commence la phrase. *Allons donc nous promener. Allons donc à la promenade. Donc il a raison*, se prononcent comme s'il y avait: Allons **don** nous promener. Allons **donc-kà** la promenade. **Donc-kil** a raison.

III. **c** a le son de **gue** dans le mot *second* et ses dérivés.

IV. — Cette lettre redoublée devant **a, o, u,** ne se prononce qu'une fois et a le son de **ke:** *accabler, accuser*, etc.; excepté *Bacchus* où les deux **c** se font entendre.

c redoublé devant **e, i,** a les deux sons **ke, se:** *accès, accident*, etc, que l'on prononce comme s'il y avait **ak-sès, ak-sident.**

V. **c** avec cédille, ce qui a lieu seulement devant **a, o, u ,** se prononce comme **s:** *garçon, maçon, reçu,* il me menaça.

ch.

VI. **ch** se prononce généralement comme dans *cher.
chiche , cheval.* Prononcez ainsi :

Achéens,	Archimède.	Ezéchias,	pachydermes,
Achéron,	Auch,	Ezéchiel,	patriarche ,
Achille,	bachique,	Joachim (nom	punch (ponche)
Anchise,	chérubin,	de baptême),	Rachel ,
Antioche.	Chiron,	Machiavel et les	rachitisme,
archevêque,	Chypre,	derives,	Sichee,
archidiacre,	Colchide,	Mardochée,	stomachique.
archiduc,	colchique,	Michel,	etc.

ch se prononce **ke** dans ces mots :

Abimélech.	Chalcis.	chromatique.	Melchior.
Achab	Chaldée.	chronique.	Melchisédech.
Achaie.	Cham.	chronologie.	Michel–Ange.
Achate.	Chanaan	chrysalide.	Munich.
Achaz.	chaos.	chrysocale.	Nabuchodono-
Achélous.	Charondas.	écho.	sor.
Achmet.	chélidoine.	Enoch	Néchao.
Anacharsis.	Chéops.	eucharistie.	Ochosias.
anachorète.	Chéronée.	exarchat.	Ochus.
anachronisme.	Chersonèse.	Gracchus.	orchestre.
Antiochus.	Chérubini (Ké-	ichneumon.	orchis.
archange.	roubini).	Issachar.	Orchomène.
Archélaus.	Chio.	Jéchonias.	Pulchérie.
archéologie	chirographaire.	Jéricho	Sennacherib.
archiépiscopal.	chiromancie.	Joachas.	Sésach ,
archonte.	chlore.	Joachim (roi de	technique.
Bacchus.	chœur.	Juda),	technologie.
catéchumène.	chorège.	Lachésis.	Tycho-Brahe.
Calchas.	choriste. .	Lamachus.	Zacharias.
Chabrias.	chorus.	lichen.	Zacharie.
Chalcédoine.	conchyliologie.	Machabée.	

ch est nul dans *almanach ;* il se prononce comme **g** dans
drachme. — Yacht se prononce *yaque.*

VII. Dans *Cicerone, Civita-Vecchia, Cialdini* et autres
mots italiens, le **c** a la valeur de **ch** et l'on prononce comme
s'il y avait : **chichéroné , Chivita-Vékia , Chialdini.**

D.

18. — **D** ne se prononce pas ordinairement à la fin des
mots, pas même devant une voyelle. Ainsi on dit *un froid
extrême, il fait chaud aujourd'hui,* comme s'il y avait : **un
froi** extrême, il fait **chau** aujourd'hui.

On fait entendre le **d** avec le son qui lui est propre dans ces mots *Alfred*, *sud*, *David*, *le Cid*, *Talmud*, et dans *Nord-est*, *Nord-ouest*. Il en est de même quand il y a liaison : *Alfred est grand*. — *David étoit roi*.

Mais le plus souvent **d** sonne comme **t** : *grand homme, profond abîme, de fond en comble, pied-à-terre, entend-il? coud-elle bien? Il répond à tout*, et l'on prononce **gran-thomme**.

Quand il y a deux **d** de suite, on les prononce tous deux : *addition, reddition*.

E.

19. — I. E sans accent ne se prononce pas quand il précède une autre voyelle dans la même syllabe : *Jean, George, il mangea*, etc.

Il ne se prononce pas non plus quand il suit une voyelle; mais il rend cette voyelle longue : je *joue*, l'étend*ue*, j'étu-*die*rai, etc.

e est encore muet dans ces mots *dangereux, empereur, palefrenier*, qu'on prononce *dang'reux, emp'reur, pal'frenier*.

II. **e** sans accent se prononce faiblement quand placé à la fin d'un mot il est précédé d'une consonne : *âme, ange*, etc.

Il a un son moins faible, très-bref, un peu approchant de celui de la voyelle *eu*, 1° quand il est à l'avant-dernière syllabe d'un mot : *venir, devoir*, etc.; 2° dans les monosyl-labes *je, me, te, que*, etc.

Lorsqu'il y a plusieurs *e* muets de suite, soit dans le même mot, soit dans des mots qui se suivent, c'est l'avant-dernier ou pénultième qui doit être prononcé. Ainsi dans *chevelu, devenir, redemander, revenir, entretenir, redevenir*, il faut *me* le donner, ne *me* le donnez pas, ce sont les syllabes **che, de, re, tre, de** et **me** qui deviennent plus sensibles, tandis que le dernier *e* se fait à peine entendre : **chev'lu**, etc.

III. **e** sans accent se prononce comme **é fermé**, 1° dans *clef, pied*; 2° dans le mot *et*; 3° dans la plupart des mots en **er** où **r** ne se prononce pas, comme *aimer, chanter, le berger, le danger, le métier*, etc.; 4° dans *assez, le nez, vous chantez*, etc.

IV. **e** sans accent est ouvert 1° dans les monosyllabes *les, des, mes, tes, ses, tu es, il est*, ainsi que dans le mot *legs*, où **g** ne se prononce pas; 2° lorsqu'il est suivi dans la même syllabe d'une consonne sonnante comme dans ces mots :

amer.	cher.	hiver.	clerc.
asperge.	clergé.	magister.	couvert.
autel.	Esther.	mer.	nerf.
avec.	fer.	nef	vert.
bec.	ferme.	perle.	vers.
caverne.	fier.	ver, etc.	univers, etc.
chef.	gerbe.		

3° quand il est suivi de la lettre double **x**, ou de deux consonnes, ou d'une consonne redoublée, comme dans ces mots :

Exemple.	precepte.	belle.	ressusciter.
sexe.	rester.	dessein	ressuyer
architecte.	septième.	dessiner.	sagesse.
gigantesque.	semestre.	ennemi.	tablette, etc. .

On excepte *replier*, *reprendre* et les autres mots dans lesquels la seconde consonne est une liquide, ainsi que *dessous*, *dessus*, *ressaisir*, *ressort*, *ressource*, qui se prononcent *re-plier*, *de-ssous*, *re-ssource*.

e, é.

e, **é** sont muets dans *Stael*. *Maëstricht*, *Friedland*, que l'on prononce **Stal, Mastricht, Fridlande.**

ei.

ei a le son de l'**è ouvert** dans *peine*, *seigneur*, etc. — Il se prononce plus fort encore dans *reine*, *seize*, etc.

ëi.

ëi forment deux syllabes, dont chacune garde le son qui lui est propre, *obéissance*, etc.

eim, ein.

eim, **ein** ont le son nasal **in** : *Rheims*, *feinte*, *peintre*, etc.

em, en.

em, **en** se prononcent avec nasalité dans la plupart des mots : *emmener*, *empereur*, *enfant*, *entre*, *enivrer*, *ennoblir*, *ennui*, *Ecouen*, *Rouen*, *enorgueillir*, etc.

Mais il n'y a pas nasalité dans les mots suivants où l'on prononce **em**, **en** comme **a**. Dites *femme*, *hennir*, *rouen-nerie*, *solennel*. *indemniser*, *prudemment*, etc., comme s'il y avait **fa-me, rou-a-nerie, pruda-ment.**

em, **en** se prononcent **ème**, **ène**, dans *Sem*, *Bethlèem*, *Memnon*, *Jérusalem*, *amen*, *hymen*, *lichen*, *spécimen*, etc.

On prononce de même, en faisant entendre les deux **mm,** les deux **nn,** *Emma*, *Emmanuel*, *triennal*, *Porsenna*, *Apennin*, etc.

em, en se prononcent **in** dans *Memphis*, *Wurtemberg*, *Benjamin*, *agenda*, *pensum*, *Mentor*, *examen*, etc.

ens, ent.

ens, ent se prononcent comme **an** à la fin de beaucoup de mots : *dépens*, *encens*, *argent*, *patient*, *prudent*, *souvent*, *sagement*, etc.; — 2° comme **ain** dans je *tiens*, il *vient*, il *contient*, etc.;—3° comme **e muet** dans ils *aiment*, ils *prient*, ils *firent*, ils *chantent*, ils *finissent*, etc. Mais si le mot suivant commence par une voyelle, il y a liaison entre le **t** final et la voyelle suivante et l'on dit : *ils prient avec ardeur*, comme s'il y avait : **ils prie tavec ardeur.**

es.

es, à la fin de presque tous les mots n'est qu'un **e muet** : *hommes*, *sages*, vous *dites*, etc.

et.

et se prononce comme **è ouvert** : *buffet*, *bracelet*, etc.

eu.

eu a le son de l'**u** dans j'*eus*, j'ai *eu*, *gageure*, nous *eûmes*, vous *eûtes*, ils *eurent*, etc. Ailleurs on prononce comme dans *jeu*, *feu*, *cheveux*, *heureux*, etc.

éu.

éu se prononcent en deux syllabes : *réunir*, etc.

ez.

ez se prononce **éce** à la fin de quelques noms propres *Rodez*, *Cortez*, etc.

ey.

ey a le son de l'é **fermé** : *dey*, *jockey*, etc.

F.

20. — *F* se prononce presque toujours à la fin des mots : *chef*, *nerf*, *veuf*, *serf*, *soif*, *suif*, *vif*, *œuf*, *bœuf*, etc. On ne le prononce pas dans *cerf*, *cerf-volant*, *clef*, *chef-d'œuvre*,

nerf de bœuf, œuf dur, bœuf gras, ni dans les pluriels des *œufs,* des *bœufs,* des *nerfs.*

Dans *neuf,* cette lettre se prononce de trois manières :

Elle est sonore dans *ils sont neuf, le neuf du mois, j'en ai neuf ou dix.*

Elle est muette devant une consonne ou h aspiré : *neuf kilogrammes.*

Elle se prononce comme **v** dans *neuf ans, neuf heures,* etc.

Quand il y a deux **ff** de suite, on n'en prononce qu'un seul. Ainsi *affable, affaire, greffer,* etc., se prononcent **afable, afaire, gréfer,** en faisant brève la voyelle qui précède.

G.

21. — I. **g** a le son de **j** avant les voyelles **e, i** : *genou, gibier.*

II. **g** a le son dur **gue,** 1° devant **a, o, u** : *gai, gâteau, gant, gosier, goût, envergure, Auguste,* etc.; 2° lorsqu'elle précède une autre consonne, comme dans *glace, grandeur,* etc.; 3° à la fin de certains noms propres: *Agag, Lessing,* etc. et dans *bourg, bourgmestre, jouy, grog, zigzag.*

REMARQUE. Pour que **g** devant **a, o, u,** ait le son de **je,** on le fait suivre de **e** : *geai, geolier, gageure, il mangea,* etc.

III. **g** ne se fait pas entendre dans *signet, Compiègne,* ni à la fin de la plupart des noms : *rang, sang, coing, poing, seing, hareng, doigt, vingt, faubourg, Strasbourg,* etc.

Cependant, quand le mot suivant commence par une voyelle, il y a liaison et le **g** prend le son fort de **k** : *long hiver, rang honorable, sang illustre, suer sang et eau,* etc., que l'on prononce **lon khiver, ran khonorable,** etc.

IV. Deux **gg** de suite, devant **e, i,** se prononcent le premier **gue** et le second **j**: *suggestion, suggérer,* qu'on prononce comme s'il y avait **sugue-jestion.** Mais s'ils ne sont pas immédiatement suivis d'un **e,** ou d'un **i,** on prononce comme s'il n'y en avait qu'un : *aggraver,* que l'on prononce **agraver.**

V. **gn** au milieu d'un mot se prononce le plus souvent comme dans *agneau.* Prononcez ainsi : *digne, ignorance, incognito, imprégner, magnanime,* etc.

Mais **g** a le son dur et se prononce **gue** dans les mots *inexpugnable, magnificat, stagnation, Gnide, diagnostic,* etc.

H.

22. — I. H est aspiré dans *héros* : on dit le *héros ;* mais il ne l'est point dans les dérivés *héroïne*, *héroïsme*, *héroïque*, etc. On dit *l'héroïsme de la vertu.*

h est aspiré dans la plupart des noms propres de pays et de villes : *Le Hainault, la Hollande, la Hongrie, le Hâvre, les Huns, la Hesse,* etc., ainsi que dans *la Henriade.*

La lettre **h** est aussi aspirée dans les mots suivants et leurs dérivés :

Ha!	hanneton.	harpe.	heurter.	houspiller.
hâbleur.	hangar.	harpon.	hibou.	housse.
hache.	hanter.	harpie.	hideux.	houssine.
hagard.	happer.	hart.	hiérarchie.	houx.
haie.	haquenée.	hasard.	hisser.	hoyau.
haillon.	haquet.	hâse.	hocher.	huche.
haine.	harangue.	hâte.	hochet.	huer.
haïr.	haras.	haubans.	holà!	huguenot.
halage.	harasser.	hauteur.	homard.	huis.
hâle.	harceler.	Havane.	honnir.	humer.
haleter.	hardes.	hâve.	honte.	hune.
halle.	hardi.	havre.	hoquet.	Huningue.
hallebarde.	hareng.	hennir.	horde.	huppe.
hallier.	Harfleur.	Henri.	hors.	hure.
halte.	hargneux.	héraut.	hotte.	hurler.
hamac.	haricot.	hère.	houblon.	hussard.
Hambourg.	haridelle.	hérisser.	houe.	hutte.
hameau.	Harley.	hernie.	houille.	
hampe.	Harlem.	héron.	houlette.	
Hanau.	harnais.	herse.	houppe.	
hanche.	haro.	hêtre.	houppelande	

II. Dans les autres mots, la lettre **h** ne se prononce pas : *l'homme, l'histoire,* etc. Elle est encore inutile après **r** et **t** dans les mots *rhétorique, rhume, le Rhin, thèse, thon, thym,* etc.

III. **Ph** équivaut à la consonne **f**, comme dans **philosophe, Adolphe, géographie,** etc.

I.

23. — **I** ne sonne pas dans *oignon, encoignure.*

im, in.

im, in, se prononcent avec le son nasal dans la plupart des mots : *fin, impie, ingrat, timbre, Joachim,* etc.

BIBLIOTHÈQUE IMP.

Ils se prononcent **ime**, **ine**, dans *Sélim*, *Ibrahim*, etc.

On prononce ainsi, en faisant entendre les deux **mm** ou les deux **nn**, *immortel ; immense*, *immobile*, *inné*, *innover*, *Cinna*, etc. Mais on ne fait sonner qu'un seul **n** dans *innocent*, *innombrable*.

J.

24. — Cette consonne commence la syllabe et se trouve toujours devant une voyelle : **ja, je, ji, jo, ju.** Elle a toujours le son qu'on entend dans ces mots, *jardin*, *déjà*, *jeu.*

K.

25. — Cette lettre a toujours le son de **que** : *Kan*, *Koran*, etc.

L.

26. — I. L se prononce le plus souvent à la fin des mots :

calcul.	exil.	nul.	subtil.
cheval.	du fil.	profil.	vil.
civil.	Nil.	puéril.	viril, etc.

II. Il est nul à la fin de ces mots.

baril.	gentil.	persil.	sourcil et quel-
coutil.	grésil.	saoul ou soûl.	ques autres.
fusil.	outil.		

l ne se fait pas entendre non plus dans le *fils*, le *pouls*, *Sainte-Menehould, Arnould, Vesoul, le Hérault*, etc.

III. Il est mouillé à la fin des mots suivants où il est précédé d'un **i** :

ail.	bouvreuil.	mil.	seuil,
avril.	cil.	œil.	soleil.
babil.	fenouil.	orgueil.	travail.
bail.	gril.	péril.	vermeil.

IV. Les deux **ll** sont mouillés dans **paille, bouillon**, qu'il faut bien se garder de prononcer **pa-ie, bou-ion**, sans faire entendre la lettre l.

Tels sont encore les mots :

aiguille.	famille.	gentille.	pillage.
bouillir.	feuille.	gentillesse.	travailler.
bouteille.	fille.	grillage.	volaille, etc
citrouille.	fusiller.	outiller.	

V. Les deux **ll** ne sont pas mouillés :

1° dans les mots commençant par **ill**, comme *illustre, illégal*, etc.

2° dans ceux où ces deux lettres se font entendre, comme:

allusion.	millésime.	pusillanime.	scintiller.
belliqueux.	millimètre.	rebellion.	vaciller.
constellation.	osciller.	salle.	
intelligent.	pellicule.	solliciter.	

3° dans ceux où les deux **ll** ont le son de **l** simple :

Achille.	imbécille.	tranquille.	village.
distiller.	mille.	ville.	etc.

VI. On ne fait entendre qu'un **l** dans *allumer, colle, colline, collége, collation*, (petit repas), etc.

Mais les deux **ll** se prononcent dans tous les mots qui commencent par **ill** : *illustre*, etc., et dans *collègue, collationner* un livre, *collégiale*.

VII. Il y a liaison et la lettre **l** est mouillée dans *gentil enfant, gentilhomme*.

l est muet dans *gentilshommes* qu'on prononce *gentizhommes*.

VIII. On écrit *semoule* et l'on prononce *semouïlle*.

M.

27. — Cette lettre a tantôt le son qui lui est propre, comme dans les mots *maxime, ammoniaque, amnistie, calomnie, Amsterdam, indemnité* et tantôt le son de **n**, comme dans *ampleur, humble, ambassade, comte*, etc.

M ne se prononce pas dans *automne;* il se fait entendre dans *automnal.*

N.

28. — **N** se prononce dans *Tarn* et pas dans *Béarn*.

n final ne fait pas ordinairement liaison. Ainsi l'on dit : *un plan utile, un vin exquis*, et non un *plan nutile, un vin nexquis.*

Il faut cependant excepter quelques cas où **n** sonne sur la voyelle suivante : *un bon ami, mon ami, ton ouvrage, on aime, en un instant*, qu'on prononce comme s'il y avait **un bon nami, en nun ninstant.**

O.

29. — Cette lettre est aiguë généralement : *globe, commode, étoffe, or, botte, horloge,* etc.

Elle est grave dans *aceroc, dos, gros, galop, notion, tome, poser, odeur, dévotion,* etc.

oa se prononce **o** dans *toast* qui se prononce **toste.**

oë, oê.

oë, oê, se prononcent en faisant entendre **o** très-bref et **è** dans ces mots *poete, poêle,* drap mortuaire.

oê fait entendre le son très-bref **o** et le son **a,** dans *poêle à frire, poéle,* fourneau. On prononce de même *moelle, moelleux, moellon.*

œ.

œ se prononce **eu** dans *œil, œillet ;* il sonne comme **é** dans *OEdipe, OEta* et comme **e** dans *œuvre, sœur.*

oin.

oin se prononce **ouin** : *loin, soin, besoin,* etc.

om, on.

om, on , se prononcent du son nasal que l'on entend, dans *tomber , tondre,* etc.

Mais s'ils sont suivis d'un autre **m** ou d'un autre **n,** il n'y a plus nasalité : *hommage, honneur,* etc., qu'on prononce comme s'il y avait **ho-mmage, ho-nneur.**

On fait entendre les deux **mm ,** les deux **nn** dans ces mots : *sommité, commotion, connivence,* etc.

oo.

oo se prononce **o** dans *épizootie, Waterloo ,* on prononce **ou** dans *sloop, Liverpool, Cook,* et l'on dit *sloup, Liverpoul, Couk.* — Partout ailleurs on fait entendre les deux **oo** : *zoologie,* etc.

P.

30. —I. **P** ne se fait pas entendre à la fin des mots: *drap, camp, champ, coup, loup, galop, sirop,* etc., même devant une voyelle. Dites donc *loup enragé, champ ensemencé,* etc., comme s'il y avait *lou* enragé. *chan* ensemencé. —

Mais il sonne dans *cap*, *cep*, *Gap* et dans *beaucoup* et *trop* suivis d'une voyelle : *il est trop entêté, il a beaucoup étudié.*

P est muet aussi dans *corps*, *temps*, mais non dans *abrupt, laps, rapt,* etc.

II. Cette lettre ne se prononce pas dans *baptême, compte, dompter, exempt, prompt, sculpteur, sept, septième, septièmement,* etc.

Elle se prononce dans *baptismal, septennal, septembre, septentrion, ineptie, exemption, reptile, impromptu, péremptoire, présomptif, présomptueux, rédempteur, symptôme,* etc.

Quand il y a deux **pp** de suite, on prononce comme s'il n'y en avait qu'un seul : *apporter, opposer,* etc., qui se prononcent **a-pporter, o-pposer.**

Q.

31. — l. **Q** se prononce à la fin des mots *coq, cinq : cinq élèves, nous sommes cinq.*

On ne le prononce pas dans *coq-d'Inde*, ni dans *cinq* suivi d'une consonne ou de h aspiré : *cinq fautes, cinq cents, cinq hameaux.*

II. **q** est toujours suivi de **u** et ces deux lettres **qu** ne font entendre qu'une seule consonne qui équivaut à ke : *quelque qualité.*

III. Les mots *acquérir, acquiescer, acquisition, acquit,* se prononcent **aquérir,** comme s'ils étaient écrits sans **c.**

R.

32. — **r** et **rh** se prononcent de la même manière : *rare, rhétorique,* etc.

r sonne à la fin des mots *fer, mer, plaisir, trésor,* etc.,

Il est nul dans *aimer, chanter, danger,* etc., et dans *monsieur, messieurs,* qu'on prononce **mocieu, mé-ssieu.**

Cependant il y a quelquefois liaison, quand le mot suivant commence par une voyelle et alors on fait entendre **r** : *aimer à rire, singulier attachement, dernier adieu.* — Dans *les derniers adieux,* la lettre **r** est muette et l'on prononce comme s'il y avait les **dernié-zadieux.**

Les deux **rr** se prononcent généralement comme un seul.

Dites *barreau* comme s'il y avait **ba-reau**. On fait entendre les deux **rr** dans *erreur, errata, horreur, terreur, terrestre, je courrai, je mourrai, j'acquerrai*, etc.

S.

33. — **I. S** entre deux voyelles se prononce comme **z**: *Asie, maison, poison, pusillanime*, etc. Excepté *préséance, présupposer, désuétude, gisant, parasol, vraisemblable*, etc., où l'on conserve la prononciation de **s.**

Quand **s** n'est pas entre deux voyelles, il conserve sa prononciation : *salle, vaste, ainsi, transi, Israel*, etc., qu'on prononce *ain-ci, tran-ci*. Excepté *Alsace, balsamine, transiger, transitif*. etc., où il a le son de **z**.

II. A la fin des mots cette lettre est ordinairement muette: *Paris, trépas, repos, refus, alors, avis, Jésus, Colas, Thomas, Denis*, etc.

Elle est encore muette dans ces mots : *Aisnes, Blesme, Dombasle, Dufresne, Duquesne, Du Guesclin, dès que, desquels, lesquels, tandis que, les Vosges*, etc.

Mais on la prononce dans *aloès, as, atlas, blocus, cens, fils, gratis, jadis, laps, lis, lorsque, mais, mars, mœurs, mérinos, ours, Reims, sens, sinus, vasistas, vis, Gil-Blas, Arras, Cérès, Pâris, Calvados*, etc.

III. s qui sonne dans *lis, sens, christ*, ne se fait pas entendre, dans *fleur-de-lis, sens commun, contre-sens, Jésus-Christ*.

On ne prononce pas *s* dans *tous*, à moins qu'il ne soit seul ou placé à la fin de la phrase : *Ils moururent tous*.

IV. Lorsque des mots terminés par **s** muet sont suivis d'un mot commençant par une voyelle, avec lequel ils ont un rapport et une liaison nécessaires, le **s** final prend le son de **z**. On dit : *j'avais, sages*, comme s'il y avait *j'avai, sage*. Mais on prononce *j'avais un livre, de sages amis*, comme s'il y avait : **j'avai-zun** livre, de **sage-zamis**.

V. Dans certains mots on fait entendre les deux **ss** : *classique, passif*, etc.

Dans d'autres on prononce comme s'il n'y en avait qu'un seul : *noblesse, il amassa*, qui se prononcent **noblé-sse, il ama-ssa**.

sc.

Devant **a**, **o**, **u** et devant une consonne, on prononce **s** et **c** : *scorpion*. *scrupule*. Mais on ne prononce que **c** devant **e**, **i**, **y**, ou **h muet** : *sceau, science, scythe, schisme*.

sh.

sh sonne **che** dans *shako, shérif*, qui s'écrivent plus ordinairement *schako, schérif*, ou encore *chérif*.

T.

34. — I. **T** et **th** ont le son que l'on entend dans ces mots *tête, théologie*.

II. **T** final ne se prononce généralement pas : *cent, dépôt, effet, salut,* il *vint, Mahomet*, etc.

III. Il sonne à la fin des mots *Brest, brut, chut, dot, fat, Japhet, Judith, immédiat, net, rit, subit, satisfecit, transit,* le vent d'*est*, etc.

On fait sonner le **t** dans les locutions : *c'est un fait, Il est de fait, voies de fait, en venir au fait*, etc.

IV. Quand deux mots ont un sens inséparable, on fait sonner le **t** final sur la voyelle qui suit : *cent hommes, il lisait aussi, il vit encore, un fait important, il écrit assez bien, un pot à l'eau*, etc., qu'on prononce comme s'il y avait **cen-thommes**, il **lisai-taussi**.

Il n'y pas liaison pour *cent un, cent onze*.

ti prononcé ti.

V. On prononce avec le son de **t**, quand la syllabe **ti** est suivie d'une consonne : *timide, timon*, etc.

Prononcez de même 1° dans les mots où **ti** est précédé de **s** ou de **x**; 2° dans les mots en **tie, tié, tier, tien, tienne** :

bastion.	amitié	chantier.	sentier.
mixtion.	pitié.	châtier.	antienne, etc.
partie.	chrétien.	amnistie.	

Ajoutez-y *tiare, centiare,* nous *portions,* vous *portiez,* nous *mettions,* vous *partiez,* nous *mentions,* je *maintiens,* il *retient,* il *châtia,* ils *châtient, s'étioler, épizootie,* etc.

ti prononcé ci.

VI. **ti** se prononce **ci** 1° dans les mots *patience, patient,* *patienter*, etc. 2° Dans les mots terminés en **tial**, **tiel**, **tieux**, **tion**, comme *partial, essentiel, ambitieux, nation, attention*, etc. 3° Dans les noms propres en **tien** : *Gratien, Vénitiens, Capétiens*, etc. 4° Dans les mots en **atie** : *démocratie*, etc. Il faut y ajouter : *ineptie, inertie, minutie, prophétie, satiété, insatiable, initier, quotient, balbutier*.

VII. Les deux **tt** se prononcent comme **t** seul dans *attaquer, attendre, attention*, etc. On fait entendre les deux **tt** dans *atténuer, guttural, pittoresque*, etc.

Mots terminés par ct.

VIII. 1° Dans *amict* et *instinct* on ne prononce ni **c**, ni **t** et l'on dit **ami, instin**. 2° *succinct, succincte, succinctement* se prononcent *sukcin, sukcinte, sukcintement*. 3° On prononce **c** et **t** dans *abject, contact, tact, exact, correct, direct, distinct, infect, strict*. Mais il faut faire entendre légèrement le **t** et non pas comme s'il y avait **te**. 4° *District, suspect, circonspect* se prononcent **distrik, suspek, circonspek**. 5° *aspect, respect* se prononcent **aspè, respè**. Mais s'il y a liaison, on dit *aspect admirable, respect humain, instinct étonnant*, comme s'il y avait **aspè-kadmirable, respè-kumain, instin-kétonnant**.

U.

35. — I. **U** est nul dans les mots *aiguière, anguille, alléguer, déguiser, guêpe, guerre, Guiane, vague, voguer, sanguinaire, guise* (fantaisie), etc. ; mais le **g** a le son dur.

On fait sentir l'**u** et l'**i** dans les mots *aiguille, aiguillon, aiguiser, inextinguible, linguiste*, et dans le nom propre *Guise*. — *Arguer*, se prononce *argu-er*.

U se prononce **ou** dans *alguazil, Guadeloupe, Guadiana, lingual*, etc.

II. **U**, précédé de **q** est nul le plus souvent : *acquérir, cinquième, enquête, équivalent, inquiet, liquide, liquéfier, quadrille, quartier, quasimodo, quatre, querelle, quiconque, quiproquo, quotidien*, etc., que l'on prononce comme s'il y avait **cin-kième, ékivalent, katre**, etc.

On fait sentir les deux voyelles **u** et **i**, **u** et **e**, **u** et **in**, dans *équitation, équestre, équilatéral, liquéfaction, questeur, questure, quiétisme, quintuple, Quintilien, Quinte-Curce, requiem*, etc.

Les mots *aquarelle, aquatique, équateur, équation, loquace, quartz, quadrature, quadrupède, quadruple,* etc. se prononcent **acouatique,** etc.

ueil.

ueil, dans les mots *accueil, cercueil, écueil, orgueil, recueil,* se prononce **euil**, comme dans le mot **écureuil.**

um, un.

I. **um**, **un** se prononcent généralement comme dans *parfum, chacun.*

II. **um** se prononce **ome** dans ces mots : *album, muséum, opium, pensum, triumvir,* etc.

III. **un** et **um** se prononcent **on** dans *punch, sund, junte, unguis, rumb, umble, de profundis.*

V.

36. — **W** se prononce le plus souvent comme **v** simple : des *wagons, Wurtemberg, Kirsch-Wasser,* (Kirchevaceur).

Il a la valeur de **u** dans *Poniatowski, Glascow, Breslaw.*

Il a le son de **ou** dans *wist, wiski, Longwy,* qui se prononcent **ouiste, ouiski, lon-oui.**

X.

37. — I. **X** sonne à la fin des mots *lynx, sphinx;* mais il est nul dans *crucifix, flux, reflux, prix, perdrix, paix, heureux,* etc.

II. **X** a la valeur de **c** dans *excès, exciter,* etc.; de **z** dans *deuxième, sixain, dixième,* etc.; de **ss** dans *Auxerre, six, cadix, Bruxelles, soixante,* etc.; de **gs** dans *Xavier, exil, exercice, examen, exhorter,* etc.; de **cs** dans *excuser, extrême, axe, Alexandre,* etc.

III. Quand il y a liaison, **x** a toujours le son du **z** : *six ans,* que l'on prononce **si-zans.**

Y.

38. — **ym**, **yn** se prononcent comme la voyelle nasale **in** : *symbole, syntaxe.*

Z.

39. — **z** à la fin des mots est ordinairement nul : *assez, nez, riz, vous chantez,* etc.

On le fait entendre dans *gaz, Metz,* etc., qu'on prononce **gass, Mèss,**

CHAPITRE II.

___

DE L'ORTHOGRAPHE USUELLE OU D'USAGE.

40.— L'orthographe *usuelle* ou *d'usage* est la connaissance des lettres qui composent les mots de notre langue, ceux qui renferment des caractères que l'on ne prononce pas, comme ceux qu'on écrit autrement qu'ils ne se prononcent et aussi ceux où il y a une consonne redoublée.

Elle a été ainsi nommée, parce qu'elle ne s'acquiert que par la pratique et à la longue.

Nous espérons toutefois que notre méthode abrégera la route. L'élève qui aura appris l'orthographe de beaucoup de mots dans le traité de la prononciation, qui apprendra celle d'un bien plus grand nombre par les exercices de la 2e partie, ne sera plus obligé de recourir au dictionnaire que pour des mots rarement employés, avec lesquels il se familiarisera bientôt.

I. Son A.

41. — Le son **A** est représenté 1º par **a**, exemples :

un acacia	le coryza	le lama	le ratafia
un agenda	le dahlia	un opéra	le sofa
le baba	un harmonica	le pacha	le tréma
le boa	un hortensia	le panorama	la villa
le colza	un hourra	le papa	le visa, etc.

2º par **ac, ach, ap** :

l'estomac	le tabac	un almanach	le drap.

42. — 3º par **as** :

le bas	le cervelas	un embarras	le taffetas
le cabas	le chasselas	le lilas	le tas
le cadenas	le compas	le matelas	le trépas
le canevas	un échalas	le pas	le verglas, etc.

43. — 4° par at :

un achat	le chat	un état	le pugilat
un assassinat	le chocolat	le forçat	le rat
un attentat	le contrat	le magistrat	le reliquat
un avocat	le crachat	le notariat	le sabbat
le candidat	le diaconat	l'odorat	le sénat
le cérat	un épiscopat	l'orgeat	le seringat, etc.
un appât	le bât	le dégât	le mât.

II. Son É.

44. — Le son é fermé est représenté 1° par é, exemples :

un abbé	le dé	un employé	le pâté
le blé	le défilé	le fossé	le pavé
le café	le député	le fourré	le pré
le côté	un été	le gué	le procédé
le curé	un échaudé	le juré	le thé, etc.
un abrégé	le clergé	le duché	le marché
un agrégé	le congé	un évêché	le péché

45. —

l'acidité	la brutalité	la futilité	la qualité
une adversité	la calamité	la légèreté	la quantité
une aménité	la célérité	la mendicité	la rareté
une animosité	la charité	l'obscurité	la surdité
une âpreté	une cité	une oisiveté	la trinité
la beauté	la docilité	la probité	une unité
la bonté	une égalité	la propriété	la vanité, etc.
un allié	une inimitié	la moitié	le réfugié, etc.
une amitié	le marié	la pitié	

46. — Il y a un é *fermé* dans les mots en ége :

le collége	le manége	le siége	j'allége
le cortége	le piége	le solfége	je protége

47. — 2° par ée, dans ces mots :

une allée	la cuillerée	une idée	la pelletée
une année	la denrée	la journée	la pensée
une araignée	la dictée	le lycée	la poignée
une assiettée	la dragée	la marée	la poupée
un athée	une épée	la matinée	la purée
la brouettée	la fée	le mausolée	le trophée
la chaussée	la fusée	le musée	la vallée
la corvée	une hottée	la nuée	la veillée, etc.

48. — 3° par **er**, exemples ;

un archer	le clocher	le maraîcher	le plancher
le boucher	le cocher	le nocher	le rocher
le bûcher	le déjeûner	le pêcher	le souper, etc.

le berger	un étranger	l'oranger	le verger
le boulanger	un horloger	le passager	
le danger	le messager	le potager	

49. — un acier · le cahier · le créancier · le mûrier

un amidonnier	le caissier	un écolier	un oreiller
un armurier	le calendrier	un encrier	un ouvrier
un atelier	le casier	un escalier	le panier
le balancier	le cerisier	un étrier	le poulailler
le banquier	le chantier	un figuier	le rosier
le baudrier	le chapelier	un hallier	le quincaillier
le bijoutier	le collier	le fraisier	le saladier
le bottier	le conseiller	le frippier	le tablier
le bouvier	le cordonnier	le grenadier	le vitrier
le brasier	le courrier	le lancier	le voiturier
le cabaretier	le coutelier	le menuisier	l'usurier, etc.

50. un écuyer · le loyer · le noyer · broyer

le foyer	le métayer	le voyer	tutoyer, etc.

4° par **iers, ed, ef, ey, ez** :

Louviers	Noirmoutiers	volontiers etc.	
le pied	la clef	le bey	le jockey
le biez	le nez	le rez-de-chaussée	

5° par **ai** :

gai	le geai	le quai

III. Son É.

51. — Le son **è ouvert** est représenté 1° par **ai** :

le balai	le délai	un étai	le remblai
le déblai	un essai	le minerai	le vrai, etc

l'aise	la chaise	la falaise	le malaise
la braise	la cimaise	la fraise	la punaise
la défaite	le laiton	le plaisir	vraisemblable
la laideur	la maison	la rainure	faible
le laitage	l'oraison	la traite	déplaire, etc.

2° par **aie** :

la claie	la haie	la monnaie	la plaie
la craie	la laie	une orfraie	la raie

le bégaiement le paiement.

52. — 3° par **ais** :

un ais	le harnais	le marais	le portugais
le dais	le jais	le palais	le rabais
un engrais	le laquais	le panais	le relais, etc.

4° par **ait** :

un attrait	le fait	le lait	le souhait
un bienfait	le forfait	le portrait	le trait

5° par **aid**, **aix**, **ay** :

laid	le faix	le portefaix	la paix
Annonay	Douay	Fontenay	Stenay

53. — 6° par **ei** :

une enseigne	la neige	le peigne	la teigne
un éteignoir	le seigle	seize	le seigneur

7° par **ès** :

un abcès	le cyprès	l'exprès	le procès
un accès	le décès	le grès	le succès
le congrès	l'excès	le progrès	etc.

54. — 8° par **et, êt, ets, ecs, egs** :

le banquet	le cabinet	le foret	le quinquet
le baquet	le chenet	le gilet	le reflet
le bonnet	le corset	le gobelet	le regret
le bouquet	le duvet	le lacet	le volet. etc
un apprêt	un arrêt	une forêt (bois)	le genêt
le mets	le rets	les échecs	le legs.

55. — On écrit avec **ai** ces mots :

l'aine	la dizaine	la graine	la migraine
une aubaine	le domaine	la haine	la mitaine
le capitaine	la fontaine	la laine	la plaine
la centaine	la futaine	la marraine	la porcelaine
la chaîne	la faîne	la gaîne	la semaine etc.

56. — On écrit avec **ei** les suivants :

l'aveine	une baleine	la reine	la veine
la baleine	la peine	la Seine	la verveine

On écrit :

une alêne	le chêne	la gêne	le pêne
la carène	la cène	le phénomène	la scène
une antenne	une étrenne	la garenne	le renne

57. — Mots en **èce**, en **esse**, et en **aisse** :

une espèce	la nièce	la pièce	la Grèce
une adresse	une délicatesse	la maladresse	la promesse
une allégresse	la détresse	la messe	la prouesse
une altesse	la finesse	la mollesse	la souplesse
une ànesse	la forteresse	la noblesse	la tendresse
la bassesse	la hardiesse	la paresse	la tresse
une caresse	une ivresse	la politesse	la vicomtesse
une compresse	la jeunesse	la presse	la vieillesse
la comtesse	la justesse	la princesse	la vitesse, etc.
la baisse	la caisse	la graisse	en laisse ou en lesse.

58. — Mots en **ète**, **ête**, **ette** :

un athlète	la comète	l'interprète	j'achète
un anachorète	la diète	la planète	je répète, etc.
une arête	la conquête	la fête	la tête
la bête	la crête	la quête	la tempête
une aigrette	la chaufferette	la galette	la raquette
une allumette	la chaussette	la gazette	la savonnette
une alouette	la côtelette	la girouette	la serpette
une assiette	la cuvette	la lunette	la serviette
la baguette	une emplette	la musette	la silhouette
la belette	une épaulette	la paillette	la sonnette
la brouette	une estafette	la pirouette	le squelette
la cachette	une étiquette	la recette	la tablette
la cassette	une fauvette	la reinette	le trompette
la charette	une fourchette	la raclette	la violette, etc.

59. — Mots en èche, êche :

la brèche	la crèche	la mèche	j'ébrèche
la calèche	la flèche	la pie-grièche	je sèche.
la bêche	la dépêche	la pêche	revêche.

IV. Son I.

60. —- Le son i est représenté, 1° par i :

un abri	le cri.	l'étui	le pari
un apprenti	le défi	la fourmi	le parti
un appui	un ennemi	le juri	le pli
le bouilli	l'ennui	le mari	le rôti
le céleri	l'épi	l'oubli	le souci, etc.

61. — 2° par ie :

une anarchie	la causerie	la loterie	la pharmacie
une antipathie	la colonie	la maladie	la pluie
l'aristocratie	la comédie	la manie	la prairie
une asphyxie	une écurie	le Messie	la prophétie
l'astronomie	l'envie	la messagerie	la quincaillerie
une autopsie	une étymologie	la mie	la scie
la bergerie	le génie	le parapluie	la suie
la bonhomie	la géographie	la partie	la vessie
la charpie	un incendie	la patrie	la vigie
la calomnie	la jalousie	la perfidie	la voirie, etc.

62. — 3° par is :

un avis	le commis	le lambris	la souris
la brebis	le croquis	le logis	le surplis
le châssis	le débris	le mépris	le taillis
le chènevis	le devis	le panaris	le tapis
le coloris	le glacis	le paradis	le vernis, etc.

4° par it :

un acquit	le circuit	l'esprit	la nuit
l'appétit	le conflit	le fruit	le produit
le bandit	le conscrit	l'habit	le profit
le biscuit	le crédit	le lit	le récit
le bruit	le débit	le manuscrit	le répit, etc.

63. — 5° par its, ic, ict, id, il, ix, iz :

le puits	le cric	l'amict	le nid

le baril	le coutil	le grésil	le persil
le chenil	le fusil	un outil	le sourcil
le crucifix	la perdrix	le prix	le riz

64. — 6° par **y** :

le dandy	le jury	la lady	le tilbury

On trouve encore **y** au lieu de **i** dans ces mots :

un acolyte	l'hydrogène	le myriamètre	le syndic
un anonyme	une hyène	le myrte	la syllabe
une asphyxie	un hydropique	le mystère	la synagogue
la chrysalide	un hypocrite	la mythologie	le synonyme
le cyclope	le labyrinthe	la paralysie	la syntaxe
le cygne	la lyre	le polygone	le système
le cylindre	un martyr	le presbytère	le tyran
le cythise	le martyre	la pyramide	le zéphyre
le gymnase	le myope	le style	les yeux, etc.

V· Son O.

65. — Le son **o** est représenté 1° par **o**, exemples :

le bobo	un écho	le numéro	le piano
le domino	le loto	le solo	le zéro

2° par **os** :

le chaos	le dos	le héros	le repos
le clos	l'enclos	le propos	

66. — 3° par **ot** :

un abricot	le chariot	le javelot	le sabot
le ballot	le complot	le linot	le sanglot
le billot	un écot	le lot	le tricot
le cachot	l'escargot	le mot	le trot
le cahot	le fagot	le pavot	le turbot, etc.
le calicot	le flot	le pot	
le canot	le gigot	le rabot	

l'entrepôt	l'impôt	le rôt	le suppôt

67. — 4° par **oc, op** :

un accroc	le broc	le croc	l'escroc,
le galop	le sirop	trop	

5° par **au, eau**:

un boyau, etc. un agneau, etc. (Nos 176, 177).

la loyauté   l'amirauté   la nouveauté   la beauté

6° par **aud, aut, aux.**

le badaud,	le crapaud,	un échafaud,	un réchaud.
un artichaut	le défaut	le héraut	le levraut
un assaut	le ressaut	un saut	il faut
la chaux,	la faux,	le taux.	

68. — On écrit avec **o** grave :

un obus	une odeur	l'osier	odieux.
un obusier	l'oseille	oser	etc.
une chose	la pose	le rosier	la dévotion
la dose	la rose	l'arrosoir	la notion, etc.

On écrit avec **au** :

l'aubépine	l'auge	un autel	une autruche
l'auberge	l'aumône	un auteur	la guimauve
l'audace	l'aurore	une autorité	le royaume

On écrit avec **ô** :

l'alcôve	l'apôtre,	le contrôle	la côte,
le côté	le dôme	l'hôpital	un hôte
un hôtel	le rôti	la tôle	le trône, etc.

VI. **Son U.**

69. — Le son **u** est représenté 1° par **u**:

la bru	le fichu	le résidu	la tribu
un écu	la glu	le tissu	la vertu

2° par **ue** :

une avenue	la grue	la mue	la statue
la bévue	l'issue	la nue	la tortue
la charrue	la laitue	la revue	la venue
la ciguë	la massue	la rue	la vue, etc.
la cohue	la morue	la sangsue	

70. — 3° par **us** :

un abus	le dessus	le pus	le surplus
le calus	le jus	le refus	le talus

4° par uf, ût, ux :

un attribut	le rebut	le statut	le tribut
le début	le salut	le scorbut	le substitut
un affût	le fût	le flux	le reflux

VII. Son **EU.**

71. — Le son **eu** est représenté

1° par **eu, œu,** exemples : l'adieu, le vœu, etc. (N° 178).

2° par **eue, œud, eux.**

la lieue	la queue	le nœud	avantageux
heureux	précieux	soigneux	studieux etc.

On écrit avec **eu** les mots suivants : un eucologe, Europe, je veux, il veut, j'émeus.

On écrit avec **œu** les mots manœuvre, œu, œuvre.

VIII. Son **OU.**

72. — Le son **ou** est représenté 1° par **ou,** exemples : acajou, etc. (N° 179).

On écrit avec **ou** ces mots :

un oubli	un ours	un ouvrage	la ouate
un ouragan	un outrage	un ouvrier	etc.

2° par **oue** :

la boue	la joue	la proue	le dévouement
la houe	la moue	la roue	un enrouement

3° par **oup, ouls, ous** :

le cantaloup	le coup	le loup	beaucoup
le pouls	le dessous	absous	dissous, etc.

4° par **out, oût, oux** :

l'atout	le bout	le surtout	le mois d'août
le coût	le dégoût	le goût	le moût
le ragoût	le courroux	un époux	le houx
le roux	le saindoux	la toux	etc.

XI. Son **OI.**

73. — Le son **oi** est représenté 1° par **oi,** exemples :

le beffroi	un émoi	la loi	le roi
le charroi	l'emploi	l'octroi	le tournoi
le convoi	l'envoi	le palefroi	etc.
un effroi	la foi	la paroi	

2° par **oie**, exemple :

la courroie	une oie	la voie	le dévoiement
le foie	la proie	un aboiement	etc.
la joie	la soie	le déploiement	

74. — 3° par **ois** :

un anchois	un carquois	une fois	le mois
le bois	le chamois	le gravois .	le patois
le bourgeois	l'empois	le minois	le pois, etc.

4° par **oid, oids, oigt, oix** :

le froid	le poids	le doigt	le choix
la croix	la noix	la poix,	la voix

5° par **oit, oît** :

le détroit	le droit	l'endroit	un exploit
le toit	le surcroît	il boit	il voit

X. Son nasal **AN, EN.**

75. — Le son nasal **an** est représenté 1° par **an** :

l'an	le cran	l'ouragan	le tan
l'artisan	un élan	le pan	le trucheman
le ban	le faisan	le partisan	un turban
le cadran	la maman	le plan	le tympan
le caïman	le merlan	le roman	un van
le charlatan	l'océan	le ruban	un vétéran
le courtisan	l'ortolan	le safran	le volcan, etc.

76. — 2° par **ant** :

l'aimant	le diamant	le fabricant	le garant
le chant	un enfant	le gant	le géant
le couchant	l'excédant ·	l'instant	le plant, etc.

3° par **amp, anc, and, ang** :

le camp	le champ	le banc	le fer-blanc
le flanc	le brigand	le gland	le tisserand
un étang	un orang-outang	le rang	le sang

4° par **emps, empt, end, eng** :

le temps	le contre-temps	le passe-temps	exempt
le différend	le révérend	le hareng	etc.

77.— 5° par **ens, ent** :

le dépens	l'encens	les gens	le contre-sens
l'accent	un alignement	un continent	l'onguent
l'accident	l'antécédent	le couvent	le présent
un acquittement	l'auvent	le déménagement	le sergent
un agent	le confluent	la dent	le serpent
un argent	le chiendent	un embarquement	le torrent
un aliment	le contingent		le talent
			le vent, etc.

78.— On écrit par **am, an** :

le camp	le camphre	la crampe	la rampe
le champ	la chambre	la lampe	la jambe
le champignon	le flambeau	le lambeau	le tampon
une avalanche	le dimanche	la manche	la planche
la branche	la hanche	le manche	la tranche
le change	la frange	la louange	une orange
la fange	le Gange	le mélange	la vendange
l'amande	la chandelle	une épouvante	le sanglier
la bande	la chanson	une expansion	la viande
la banque	la démangeaison	la langue	ranger
le chancelier	un esclandre	le palissandre	répandre, etc.

On écrit par **em, en** :

l'exemple	le temple	le tremblement	la trempe
l'amende	la dimension	la pervenche	descendre
l'ascension	un éventail	la splendeur	fendre
l'attentat	le gendre	la térébenthine	pendre
une attente	l'intention	pencher	prendre
la cendre	l'invention	venger	tendre
le commencement	la pente	défendre	vendre, etc.

79. — Mots en **ance** :

une abondance	une arrogance	la balance	la circonstance
une aisance	l'assistance	la bienveillance	la clairvoyance
une alliance	l'assurance	la bombance	la complaisance
une ambulance	une avance	la chance	la confiance

la connaissance	la dépendance	une instance	la prévenance
la consistance	la discordance	la jactance	la prévoyance
la consonnance	la doléance	la jouissance	la remontrance
la constance	l'élégance	la lance	la répugnance
la contenance	l'enfance	la malfaisance	la résistance
la convenance	une engeance	la médisance	la ressemblance
la correspondance	une espérance	la naissance	la séance
la créance	une excroissance	la nonchalance	la souffrance
la croissance	la finance	la nuance	la subsistance
la croyance	la garance	l'obéissance	la suffisance
la déchéance	une ignorance	l'obligeance	la surveillance
la défaillance	une inconvenance	une ordonnance	la tolérance
la délivrance	une insouciance	la persevérance	la vengeance
		la pétulance	etc.

80. — Mots en ence :

une absence	la convalescence	l'expérience	la potence
l'abstinence	la corpulence	la faïence	la présence
l'adolescence	la décadence	l'impertinence	la présidence,
l'agence	la décence	l'indigence	la providence
l'audience	la démence	l'indolence	la prudence
la cadence	la désinence	l'indulgence	la résidence
la circonference	la différence	l'influence	la révérence
la clémence	la diligence	l'insolence	la science
la coïncidence	une éloquence	l'intelligence	la semence
la compétence	l'éminence	la licence	la sentence
la concurrence	une essence	la magnificence	le silence
la conférence	l'évidence	la négligence	la turbulence
une confidence	l'excellence	l'opulence	une urgence
la conscience	l'existence	la patience	la véhémence
la conséquence	l'exigence	la pénitence	la violence etc.

81. — Mots en anse:

l'anse	la ganse	la transe	je panse
la danse	la panse	je danse	etc.

Mots en ense:

la défense	la dépense	la dispense	une offense
la récompense	dense,	immense	je pense, etc.

82. — Mots commençant par an :

les ancêtres	une angine	un antagoniste	une antienne
une anche	un anglais	une antenne	l'antimoine
un anchois	un angle	une antichambre	l'antipode
une ancre	une angoisse	anticiper	un antiquaire
une andouille	une anguille	antidater	un antre
un ange	une anse	l'antidote	une anxiété.

83. — Mots commençant par am :

un ambe	l'amble	une ambulance	une ampoule
ambigu	un ambre	ample	une amputation,
une ambition	l'ambroisie	l'ampleur	etc.

84. — Mots commençant par em :

un emballeur	embaumer	emménager	empirer
un embarque- ment	embraser	emmener	empocher
l'empereur	emmancher	empêcher	une empreinte
	l'emmanchure	un empire	un emprunt, etc.

85. — Mots commençant par en :

l'encadrement	l'encourage- ment	l'enfance	l'entrée
l'encensoir		l'enfer	l'entretien
l'encombrement	l'endurcisse- ment	l'enivrement	l'envers
endormir	endurer	enflammer	enfler, etc.

XI. Son nasal IN.

86. — Le son nasal in est représenté 1° par in :

le basin	le coussin	le lin	le requin
le bassin	le cousin	le mannequin	le sapin
le boudin	le dessin	le parchemin	le scrutin
le brodequin	un engin	le pèlerin	le tocsin
le bulletin	un escarpin	le pépin	le traversin
le butin	le fantassin	le picotin	le vaccin
le calepin	la fin	le pin	le vin
le casaquin	le larcin	le rabbin	etc.

On trouve encore **in** dans ces mots :

incapable	incroyable	indigne	infini
ingénieux	injurieux	insensé	invalide
invisible	invincible	un insecte	une intrigue

87. — 2° Par **im**, exemples :

imbécile	impair	impie	impossible
imbu	impétueux	l'impiété	l'impudence

88. — 3° Par **ain**.

l'airain	le gain	le plantain	le sacristain
le bain	le grain	le poulain	le souverain
le dédain	le levain	le prochain	le tain
un écrivain	la main	le quatrain	le terrain
un étain	le nain	le refrain	le train, etc.
le fusain	le pain	le regain	
ainsi	contraindre	craindre	plaindre, etc.

89. — 4° Par **ein** :

le dessein	le frein	le sein	le terrein
astreindre	éteindre	feindre	peindre, etc.

5° Par **aint, eint, eing, inct, ingt.**

un saint	le teint	le seing	un instinct
distinct	succinct	vingt	

6° Par **aim, ym.**

le daim	un essaim	la faim	le thym

90. — 7° Par **en**, exemples:

le chien	un entretien	le maintien	le musicien
le chirurgien	un gardien	le magicien	l'opticien
le comédien	le lien	le mécanicien	le soutien
l'européen	le lycéen	l'examen	l'appendice
le citoyen	le doyen	le moyen	etc.

XII. Son nasal ON.

91. — Le son nasal **on** est représenté 1° par **on** :

un abandon	le canon	le donjon	le goujon
une action	la chanson	un écusson	le hanneton
le bataillon	le charron	l'estragon	un horizon
le bouchon	le chaudron	un esturgeon	le houblon
le bouffon	le chausson	la façon	le lampion
le bouillon	le citron	le flacon	le maçon
le bourgeon	le crampon	le frisson	le million
le caleçon	le cresson	le gazon	l'occasion

l'oignon	le pignon	le pompon	le tenon
l'opinion	le pinçon	la révision	le thon
l'orphéon	le pinson (oiseau)	le saucisson	le ton
le paillasson	le poison	le saumon	le tourbillon
le pavillon	le poisson	le sillon	l'union, etc.

· Et aussi dans ces mots :

un allongement	la contrée	une onction	la réponse
une annonce	la conversation	l'onguent	la ronce
la confession	une once	le quinconce	la semonce, etc

92. — 2° Par onc, ond, onds:

| l'ajonc | le jonc | le tronc | le bond |
| le fond | le gond | le plafond | le fonds |

3° Par ong, ons, ont:

| long | à reculons | à tâtons | un affront |
| le front | le mont | le pont | etc. |

93. — 4° Par aon, om, omb, ompt, um, un:

le taon *(mouche)*	le nom	le prénom	le pronom
le renom	le plomb	l aplomb	prompt
l'umble	le punch	le sund (détroit)	les juntes

Ajoutez-y :

le bombarde-ment	le combat	le comparti-ment	le compas
le compte	le comte	le comptoir,	le dompteur
une ombre	une ombrelle	le pompon	la trompette

— je fonds, il fond, de *fondre*, — ils font, de *faire*,
— je romps, il rompt, de *rompre*, etc.

XIII. Son nasal UN.

94. — Le son nasal un est représenté par um, un, unt :

le parfum	un alun	le tribun	aucun
brun	chacun	commun	importun
opportun	le défunt	un emprunt	etc.

95. — m devant b, m, p.

1° Dans les voyelles nasales on met **m** devant **b, m, p** :

l'ambition	emmener	la jambe	l'ombre
un emblême	humble	l'importance	l'ombrelle
un emménage-	l'imprimeur	le nombre	la pompe, etc.
ment			

Excepté :

le bonbon   un embonpoint la nonpareille néanmoins

2° **n** devant **d**, **t**, **n**, exemples :

un antidote	la dentelle	un ennui	le gendarme
un antre	le dentiste	l'entreprise	la grandeur, etc.
la cendre	un endroit	la friandise	

XIV. **Son AL.**

96. — 1° On trouve **al** à la fin de certains mots *le bal*, *l'amiral*, etc. (N° 180).

2° On écrit par **ale** les mots suivants :

les amygdales	la cathédrale	la mercuriale .	le scandale
les annales	la cigale	un ovale	le squale
la cabale	la cymbale	la pédale	la succursale
la cale	le dédale	le pétale	la timbale,etc.
le cannibale	la finale	la percale	
la capitale	la gale	la sandale	

le châle,   le hâle,   le mâle,   le râle.

3° On écrit par **alle** :

| la balle | la dalle | la halle | la malle |
| la salle | la stalle | un intervalle | etc. |

XV. **Son AIL.**

97. — 1° On écrit par **ail** certains mots :
le bail, un attirail, etc. (N°s 181, 182).

2° Mots en **aille.**

la bataille	la futaille	la mitraille	la taille
la caille	la maille	la muraille	la tenaille
une écaille	la mangeaille	la paille	la trouvaille
une entraille	la marmaille	la rocaille	la volaille
la ferraille	la médaille	la semaille	etc.

| les accordailles | les broussailles | les fiançailles | les relevailles |
| les antiquailles | les entrailles | les funérailles | etc. |

XVI. **Son AR.**

98. — Le son **ar** est exprimé 1° par **ar**:

le bazar,   le char,   le cauchemar, le nectar.

un **arbre**	une al**arme**	la g**arnison**	le m**arbre**
un **architecte**	la b**arque**	le gend**arme**	la m**arque**
une **arme**	la dém**arche**	la l**arme**	le vac**arme**

99.— 2° Par ard :

le billard	le corbillard	le hussard	le placard
le boulevard	le dard	le lard	le poignard
le brancard	un étendard	le léopard	le regard
le brouillard	le fard	le lézard	le renard
le campagnard	le foulard	le liard	le retard
le canard	le hasard	le pétard	le vieillard

100. — 3° Par are, arre :

un are	la fanfare	la mare	le phare
le cigare	la guitare	la tare	la tiare
la barre	la bagarre	le bécarre	la carre
l'escarre	la jarre	la simarre	le tintamarre

101. — 4° Par arrhe, ars, arc, art :

les arrhes	le catarrhe	épars	arc-boutant
le marc	un écart	le quart	je pars
un art	la part	le rempart	il part

XVII. Son AIR.

102. — Le son air est exprimé:

1° Par air, aire:

Un air	la chair	le clair	un pair
un éclair	*(à manger)*	*(de lune)*	*(de France)*
le flair			

un abécédaire	le commentaire	le locataire	le secrétaire
un adversaire	le commissaire	le maire	le séminaire
une affaire	le dictionnaire	le missionnaire	le syllabaire
une aire	le dromadaire	le notaire	le vestiaire
un anniversaire	le factionnaire	la paire	le vicaire
un antiquaire	un fonctionnaire	le repaire	le vocabulaire
le bréviaire	la jugulaire	le propriétaire	le vulgaire
le calvaire	un itinéraire	le reliquaire	un vulnéraire
la chaire (à prê-cher)	le libraire	le salaire	

103. — 2° Par er, ère, erre :

le belvéder	la cuiller	le fer	la mer
le cancer	l'enfer	un hiver	le ver

l'amertume	une **erreur**	la perdition	la **terreur**
une asperge	une expertise	la permission	la **verdure**,
chercher	le germe	la perte	etc.
la couverture	la gerbe	la perversité	

le belvédère	la civière	la lumière	le reverbère
la bannière	le clystère	la manière	le scorsonère
la barrière	le cratère	la mère	la souricière
la bière	la crinière	le ministère	le stère
la cafetière	le frère	le monastère	la tabatière
le caractère	la frontière	la paupière	la tourtière
la chaudière	la fourmilière	le père	la visière
la chaumière	la gibecière	la poussière	la volière
le cimetière	un hémisphère	le repère	un ulcère, etc.

le cimeterre	le lierre	la serre	le verre (à boire)
une équerre	le parterre	la terre	j'*erre*
la guerre	la pierre	le tonnerre	j'enterre

104. — 3º Par **erc**, **erf**, **ers**, **ert**:

Le clerc	le cerf	le cerf-volant	le nerf de bœuf
l'envers	le revers	le tiers	le travers
le vers	l'univers	le concert	le couvert
le désert	le dessert	un expert	le pivert, etc.

Ajoutez-y : je perds, il perd.

XVIII. Son EL.

105. — Le son **el** est exprimé 1º par **el**:

un appel	le ciel	le duel	le missel
un archipel	le colonel	le fiel	le pastel
un autel	le dégel	le manuel	le sel, etc.

106. — 2º Par **èle**, **êle**, **elle** :

La clientèle	un érysipèle	le modèle	le parallèle
le zèle	la grêle	le poêle	la prêle.

l'aisselle	la dentelle	la nouvelle	la selle
la bagatelle	une échelle	l'ombrelle	la semelle
la bretelle	une écuelle	la passerelle	la tourterelle
la cannelle	une étincelle	la pelle	la truelle
la cervelle	une ficelle	le polichinelle	la vaisselle
la chapelle	la mirabelle	la querelle	le vermicelle
la citadelle	la nacelle	la ruelle	la vielle. etc.

XIX. **Son EIL.**

107. — Le son **eil** est exprimé 1° par **eil** :

un appareil	l'orteil	le soleil	pareil
le conseil	le réveil	le sommeil	vermeil

2° Par **eille** :

une abeille	la corneille	l'oreille	la veille
la bouteille	la groseille	l'oseille	pareille
la corbeille	la merveille	la treille	vermeille

XX. **Son EUL.**

108. — On écrit par **eul, eule,** ces mots :

un aïeul	le filleul	le tilleul —	la gueule
un épagneul	le linceul		la meule

XXI. **Son EUIL.**

109. — On écrit 1° par **euil, euille** :

le bouvreuil	le deuil	le seuil	la feuille
le cerfeuil	l'écureuil	le treuil —	le portefeuille
le chevreuil	le fauteuil		que je veuille

2° Par **ueil, œil** :

un accueil	un écueil	le recueil	un œil
un cercueil	un orgueil	cueillir	un œillet

XXII. **Son EUR.**

110. — Le son **eur** est représenté 1° par **eur** :

un acteur	le fossoyeur	le professeur	le tailleur
un bonheur	un imposteur	le provocateur	le tapageur
un brasseur	un imprimeur	le querelleur	le tanneur
un chasseur	l'ingénieur	le quêteur	le tourneur
le compositeur	un inventeur	le questionneur	le traiteur
le contrôleur	le malheur	le ramoneur	le triomphateur
le corroyeur	le maraudeur	le recéleur	un usurpateur
le crieur	le nageur	le rédempteur	le vendangeur
le défenseur	l'oppresseur	le sapeur	le vendeur
un emballeur	un percepteur	le scieur	le vérificateur
un entrepreneur	un précepteur	le sculpteur	le voltigeur
l'équateur	le piqueur	le spéculateur	le voyageur
le farceur	le procureur	le sonneur	heurter, etc.

111 — l'aigreur | la douleur | l humeur | la pesanteur
la blancheur | une erreur | la largeur | la peur
la candeur | une épaisseur | la lenteur | la rigueur
la chaleur | la fleur | la liqueur | la raideur
la chandeleur | la fraîcheur | la longueur | la rougeur
la clameur | la frayeur | la lueur | la sueur
la couleur | la fureur | la maigreur | la terreur
la douceur | la hauteur | une odeur | la vigueur etc.

112. — 2º Par **eure, eurre, eurs, œur** :

la demeure | une heure | le babeurre | le beurre
le leurre | les pleurs | ailleurs | je meurs
le chœur | le cœur | la sœur | les mœurs

XXIII. Son IL.

113. — Le son **il** est représenté 1º par **il** :

avril | le cil | le mil (graine) | la lettre **l** est
le babil | le gril | le péril | mouillée.

civil | puéril | subtil | vil
un exil | le fil | le pistil | le profil

114. — 2º Par **ile** :

une argile | le crocodile | la file | la sébile
un asile | le domicile | le projectile | un ustensile
la bile | un évangile | le reptile | une île

agile | débile | docile | utile, etc.

115. — 3º Par **ille** :

Achille | le codicille | la scille | la ville
le calville | le pupille | le vaudeville | tranquille

une aiguille | la cheville | la grille |
la béquille | la coquille | la guenille |
la bille | une étrille | la lentille | la lettre **l** est
la cédille | la famille | la pastille | mouillée.
la charmille | la faucille | la quille |
la chenille | la fille | la vanille, etc. |

4º Par **yle, ylle** :

le style | le péristyle | une idylle | la sibylle

XXIV. Son **IR**.

116. — Le son **ir** est rendu par **ir** :

un avenir	le désir	le loisir	le soupir
le casimir	le déplaisir	le plaisir	le souvenir
le cuir	un élixir	le repentir	le tir, etc.
affirmer	circonstance	firmament	irrigation, etc.

2° Par **ire** :

le cachemire	le dire	le rire	le sourire
la cire	un empire	la satire	le vampire
le délire	le navire	le sire	le zéphire

3° Par **yr**, **yre**, **yrrhe** :

Le martyr	le zéphyr	le collyre	la lyre
le martyre	le porphyre	la satyre	la myrrhe

XXV. Son **OL**.

117. — Ce son est représenté 1° par **ol** :

un alcool	l'entresol	le rossignol	le tournesol
le bol	le parasol	le sol	le vol
le colporteur	le colloque	le follicule	la solvabilité

2° Par **ole**, **olle** :

une auréole	la camisole	le monopole	la rougeole
la babiole	la casserole	une obole ·	la sole
la bricole	le créole	la parabole	le symbole
la cabriole	l'école	le protocole	la virole
la colle	folle	molle	

3° Les suivants sont en **ôle**, **aule** :

le contrôle	la geôle	le pôle	la tôle
le drôle	le môle	le rôle	il enrôle
une épaule	la gaule	le saule	

XXVI. Son **OR**.

118. — On le trouve exprimé 1° par **or** :

le butor	le cor	un essor	le quatuor
le castor	le corridor	l'or	le trésor
la borne	le cordier	le morceau	la porte.

2° Par **ore**, **aure** :

une aurore	le matamore	le pore	le store
le météore	la métaphore	le phosphore	le sycomore
le centaure	le maure ou more		saure ou sau

3° Par **ord**, **ords** :

un abord	le bord	le nord	le sabord
un accord	le lord	le rebord	le remords

119. — 4° Par **ort** :

un apport	la mort	le rapport	le sort
un effort	le port	le report	le support
le fort	le passe-port	le renfort	le tort
le contre-fort	le raifort	le ressort	le transport

5° Par **orc**, **ors**, **orps** :

du porc-frais	le décors	le mors	le corps
	le dehors	le recors	

XXVII. Son **OIN**.

120.—Ce son est représenté 1° par **oin, oing, oins, oint** :

le besoin	le foin	le recoin	le soin
le coin	le groin	le sainfoin	le témoin
le coing	moins	un adjoint	le joint
le poing	néanmoins	un appoint	le point

2° Par **ouin**, **uin** :

le baragouin, le bédouin, le marsouin, Juin.

XXVIII. Son **OIR**.

121° — Ce son est représenté 1° par **oir** :

un abreuvoir	le démêloir	le grattoir	le polissoir
un arrosoir	le désespoir	le laminoir	le pressoir
le battoir	le dévidoir	le lavoir	le rasoir
le bougeoir	le dressoir	le miroir	le reposoir
le boutoir	un encensoir	le mouchoir	le savoir
le brunissoir	un entonnoir	un ostensoir	le soir
le comptoir	un espoir	un ouvroir	le terroir
le couloir	un éteignoir	le parloir	le tiroir
le décrottoir	le fermoir	le peignoir	le trottoir

122. — 2° Par oire :

un auditoire	le laboratoire	un ostensoire	le réquisitoire
le ciboire	le mémoire	le promontoire	le répertoire
le directoire	un observatoire	le purgatoire	le territoire
un ivoire	un offertoire	le réfectoire	le vésicatoire
une armoire	une écritoire	une histoire	la nageoire
la baignoire	une écumoire	la mâchoire	la poire
la balançoire	la foire	la mangeoire	la victoire
la bassinoire	une glissoire	la mémoire	aléatoire
la bouilloire	la gloire	la moire	divinatoire

XXIX. Son OUR.

123. — Ce son est exprimé 1° par our, oure, ourre :

l'amour	le chaufour	le labour	la tour
un atour	le contour	le rambour	le tour
un autour	la cour	le retour	le vautour etc.
le bonjour	le détour	le séjour	la bravoure
le calembour	le four	le tambour	la bourre
le carrefour	le jour	le topinambour	la mourre

2° Par ourd, ourg, ourt, ours :

Lourd	sourd	Phalsbourg	le brandebourg
Luxembourg	le faubourg	court	le concours
le cours	le discours,	le parcours	le rebours
le recours	le secours	le velours,	toujours, etc.

XXX. Son OUL.

124.—On trouve ce son exprimé par oul, oule :

Toul	le capitoul	la boule	la ciboule
la foule	la houle	le ou la moule	la poule
le boulevard	la couleur	la douleur	le goulot
goulu	il coule	il roule .	soulever

XXXI. Son OUIL.

125. — Ce son exprimé par ouil, ouille, se prononce en mouillant les l, exemples :

le fenouil	la dépouille	la houille	la rouille
une andouille	la douille	les nouilles	il bredouille
la brouille	la fouille	la patrouille	je chatouille
la citrouille	la grenouille	la quenouille	je verrouille
bouillir	le brouillard	la genouillère	le mouillage

XXXI. **Son UL.**

126. — Il est exprimé par **ul, ule, ulle** :

le calcul	le consul	le cumul	le recul

un animalcule	le crépuscule	la particule	la rotule
la bascule	la formule	la pendule	le somnambule
le conciliabule	la globule	le pendule	le scrupule
la canicule	le monticule	la pilule	la spatule
la capsule	la mule	la renoncule	le véhicule
la cellule	un opuscule	le ridicule	le vestibule

la bulle	le tulle	nul	nulle
le bulletin	la culture	le mulet	multiplier
pulluler	pulmonique	pulsation	pulvériser.

XXXII. **Son UR.**

127. — Ce son est exprimé par **ur, ure** :

l'azur	le fémur	le futur	le mur

un augure	le chlorure	le parjure	le pédicure
l'agriculture	la couture	la ferrure	la piqûre
une armure	la criblure	la fracture	la rainure
une aventure	la doublure	la friture	la sépulture
la balayure	l'échauffure	la gaufrure	la signature
la bordure	l'égratignure	la gerçure	la sinécure
la bouture	une embrasure	la gravure	la soudure
la brochure	l'emmanchure	une injure	la souillure
la capture	une enflure	la lecture	la teinture
la ceinture	une engelure	la manufacture	la vermoulure
la chaussure	la facture	l'ouverture	etc.

XXXIII. Mots en **as, ace, asse, ase, âce, asse.**

128. — On écrit 1° par **as** qu'on prononce **ace** :

un as	un atlas	hélas	un vasistas.

2° par **ace** :

une audace	la dédicace	la grimace	la place
la besace	un espace	la limace	la race
la contumace	la glace	la menace	la rosace

3° par **asse** :

la bécasse	la chasse	une échasse	la nasse
la brasse	la crasse	la lavasse	la paillasse
la calebasse	la crevasse	la liasse	la paperasse
la carcasse	la cuirasse	la masse	la potasse
la casse	la culasse	la mélasse	la terrasse

4° par **ase, âce, asse** :

la case	une hase	la phrase	le vase
le gymnase	la phase	la vase	je rase
la disgrâce	la grâce	la classe	la tasse.

XXXIV. Son AME.

129.— On le trouve représenté par **am, ame, amme, âme** :

Abraham	Amsterdam	le drame	la lame
la dame	un hippopotame	la rame	la trame
amener	le camelot	un hameçon	le mamelon
ramener	samedi	etc.	

la flamme	le décagramme	le kilogramme	l'oriflamme
le gramme	l'hectogramme	la gamme	le programme
une âme	le blâme	infâme	je proclame

XXXV. Son ANE.

130. — Ce son est représenté par **ane, anne, âne** :

la basane	la douane	la membrane	la sarbacane
la cabane	la frangipane	(pro. manbrane)	la savane
la caravane	le filigrane	un organe	la soutane
la diane	la glane	le platane	la tisane
le **canevas**	le **laneret**	le **pane**tier	etc.

la hanne	la manne	la paysanne	la vanne
la canne	la panne	la rouanne	la ville de Vannes
la cannelure	le panneton	la tannerie	la vannerie
un âne	le crâne	les mânes	la cane

XXXVI. Son ICE.

131. — Ce son est représenté 1° par **is** dans les mots où l'on prononce la lettre **s** :

bis	gratis	un lis	la vis
le cassis	l'iris	le métis	le volubilis
le dervis	jadis	un oasis	etc.

2° par **ice** :

un appendice	un édifice	une institutrice	la police
un armistice	une épice	un interstice	le précipice
un artifice	un exercice	le maléfice	le préjudice
une avarice	la fondatrice	la malice	les prémices
un bénéfice	le frontispice	la milice	le sacrifice
une bienfaitrice	une hélice	la notice	le service
le calice	un hospice	la nourrice	le supplice
le caprice	une injustice	la novice	la tutrice
la cicatrice	l'impératrice	un office	une varice
le complice	un indice	un orifice	le vice, etc.

132. — 3° par **isse** :

la bâtisse	une écrevisse	la mélisse	la réglisse
la coulisse	une esquisse	le narcisse	la saucisse
la cuisse	la génisse	la pelisse	le suisse, etc.
la drisse	la jaunisse	les prémisses	

4° par **ise** :

la bêtise	l'entremise	la gourmandise	la merise
la bise	l'entreprise	la marchandise	la mise
la cerise	la franchise	la maîtrise	la prise
la chemise	la frise	la marquise	la reprise
une église	la gaillardise	la méprise	la sottise, etc.

XXXVII. Son **OISE, OISSE**.

133. — On écrit par **oise** :

une ardoise	la framboise	la siamoise	je **croise** les
une chinoise	la gerboise	la turquoise	mains

et par **oisse** :

une angoisse	la paroisse	*qu'il* croise *en âge et en sagesse*

XXXVIII. Son **OME, ÔME**.

134. — Ce son est exprimé par **um, ome, omme, ôme, aume** :

un album	le dictum	le maximum	le muséum
le compendium	le factum	le minimum	l'opium
le décorum	le géranium	le minium	le pensum, etc

un agronome	un atome	un économe	un hippodrome
un astronome	le chrome	le gastronome	le tome, etc.

la gomme	un homme	la pomme	le prud'homme
le rogomme	il consomme		

le binôme	le diplôme	le monôme	le symptôme
un dôme	le fantôme	le polynôme	il chôme

le baume	la paume	le psaume	le royaume

XXXIX. Son ONE, ÔNE.

135. — On trouve ce son exprimé par **on, one, onne, ône, aune** :

le rhododendron (pro. rhododin- drohe)	la none le polygone	le carbone	le décagone

la bonne	la donne	la personne	je grisonne
la colonne	la dragonne	la patronne	il savonne
la consonne	la friponne	mignonne	il tonne
la couronne	la lionne	il. crayonne	etc.

le cône	le prône	le trône	la zône

une aune	le faune	la faune	jaune

XL. Mots en oce, osse, os, ose, ause, ausse :

136. le négoce	la noce	le sacerdoce	précoce

la bosse	la crosse	la cynoglosse	la rosse
la brosse	le colosse	la fosse	un osselet
le carrosse	la cosse	la grosse	un ossement

un albinos	un mérinos	le rhinocéros	le tétanos

l'apothéose	la dose	la métempsycose	la rose
la couperose	une ecchymose	la pose	il repose
la cause	la pause	la hausse	il chausse

XLI. Son **OTE, ÔTE.**

137. la dot	la capote	la compote	la cote
une échalote	la gargote	la matelote	la note
la botte	la flotte	la grotte	les menottes
la calotte	la gavotte	la hotte	la motte
la carotte	la gibelotte	la linotte	sotte
la cotte	la glotte	la marcotte	il grelotte
la culotte	la griotte	la marmotte	etc.
une côte	un hôte	Pentecôte	il ôte

XLII. Son **USE.**

138. l'angelus	le blocus	l'hiatus	l'humus
l'obus	l'omnibus	l'orémus	le rébus
le sinus	le typhus	chorus	motus
la buse	la ruse	une écluse	la muse
une excuse	il accuse	il s'amuse	la puce

XLIII. Son **UTE.**

139.— le but	le lut	le luth	l'occiput
la brute	la cahute	la culbute	la minute
la bute	la chute	la dispute	le parachute
la butte	la hutte	la lutte	la flûte

XLIV. Mots en **tion, sion, xion, cion :**

140. — 1° On écrit par **tion** les mots dans lesquels cette finale est précédée des lettres **a, i, c, o, p, u** :

abdication	éducation	nation	vénération, etc
condition	définition	munition	répétition, etc.
action	adjonction	affection	bénédiction
construction	décoction	distinction	sanction, etc.
dévotion	notion	potion	promotion, etc
adoption	conscription	description	exception, etc.
absolution	distribution	locution	résolution, etc.

Ajoutez-y les suivants qui devraient s'écrire avec **s** d'après la règle précédente :

assertion	détention	invention	prétention
attention	discrétion	manutention	rétention
contention	insertion	mention	sujétion
désertion	intention	portion	etc.

141. — 2° Ecrivez les autres par **sion** :

commission	mission	percussion	provision
concussion	omission	permission	révision
discussion	passion	prévision	scission, etc.

qui devraient s'écrire avec **t** d'après la règle précédente.

ascension	convulsion	expulsion	session
aversion	dimension	impulsion	tension
cession	excursion	pension	version
confession	expansion	procession	etc.
contorsion	expression	profession	

3° Ecrivez par **xion, cion** :

annexion	flexion	inflexion	le scion
complexion	fluxion	irréflexion	la succion
connexion	génuflexion	réflexion	la suspicion

XLV. Emploi des douces **b — d — g, j — v — z,** et
des fortes **p — t — c, k, ch — f — s.**

142. — Ecrivez et prononcez :

le baba	le papa	le bas	le pas
le crabe	la trappe	le tube	la dupe
la jambe	la crampe	le tombeau	le troupeau
le bain	le pain	la tourbe	la troupe
l'escabelle	la pelle	la tourbière	la soupière
la bribe	la pipe	la bêche	la pêche
le bond	le pont	le cabas	le trépas
la buse	la puce	le bord	le port
la jujube	la jupe	le débris	le mépris
la trombe	la trompe	le baladin	le paladin

143. une acco-lade	un acrobate	la panade	la natte
		la persillade	la patte
la bravade	la baratte	la pintade	le pirate
la cascade	la cravate	la pommade	la rate
la cassonade	la date	la promenade	la savate
la cavalcade	la datte	la salade	la sonate
une estrade	une écarlate	la sérénade	le stigmate
l'orangeade	la frégate	la tirade	la tomate
la palissade	la latte	la donne	la tonne

une égide le gîte la pagode l'antidote
le baudrier un étrier le radeau le râteau
le liquide la redite la badine le platine
l'oxyde le prosélyte le prélude la flûte
l'antipode le pilote le bipède la fête

144. le cabotage l'attache le savonnage le panache
la cage la tache le radotage la patache
le chauffage la cravache le pillage la bâche
le ménage la ganache la cage la gâche
le jaugeage la hache l'emballage le relâche
le potage la moustache l'âge la tâche

le barége la brèche le doge la brioche
le sacrilége la calèche un éloge la broche
le solfége la crèche un eucologe la poche
le sortilége la flèche la loge la loche
le trajet le cachet la toge la roche
le litige la biche le juge l'autruche
la tige le caniche le refuge la ruche

un ange une anche la joie le choix
le change une avalanche la joue le chou
la fange le manche la jatte la chatte
la frange la planche la forge la torche
l'orange la revanche le bouge la touche
la vendange la tranche la galle la calle
la marge la marche le gant le camp
l'argent le marchand le donjon le torchon
le voltigeur la blancheur le pigeon le cruchon
la bougie les branchies un ogre une ocre

145. la cave la carafe le bazar le hussard
la rave le parafe la gazette la cassette
le cadavre la balafre le zèle la selle
le vin la fin une amazone une personne
le vivre le fifre une azerole une casserole
la voie. la foi le douze la pousse

146. — XLVI. Mots écrits avec **rh, th** :

le rhabillage le rhéteur la rhétorique le rhinocéros
la rhubarbe le rhum le rhumatisme le rhume
le rhythme enrhumer surhumain etc.

une absinthe	le bibliothécaire	la léthargie	l'orthographe
un aérolithe	la cathédrale	le lithographe	la panthère
un amphithéâtre	le catholicisme	le luthier	la parenthèse
un anathème	la diphthongue	les mathéma-	la plinthe
une antipathie	l'enthousiasme	tiques	la térébenthine
une apathie	une épithète	la menthe	le thé
un apothicaire	une hypothèque	la méthode	le théâtre
l'arithmétique	un isthme	le misanthrope	le thème
un asthme (asme)	la jacinthe	la mythologie	la théologie
un athlète	le labyrinthe	l'ophthalmie	la théorie, etc.
une authenticité			

147.— XLVII. Emploi de **f** et de **ph**.

une agrafe	le faucon	l'enfer	une étoffe
la carafe	la fenaison	la girafe	une estafette
la face	le fer	le parafe	le calife
la fanfare	le fief	le calorifère	le pontife
le fard	le fisc	le certificat	le sofa
le faisceau	la fleur	le crucifix	etc.
le faix	un enfant	le défi	

l'alphabet	un éléphant	la phrase	le siphon
l'amphithéâtre	l'épitaphe	le phénix	le sopha
l'apostrophe	la géographie	le phénomène	la sphère
l'asphyxie	unhémisphère	le philanthrope	le sténographe
l'atmosphère	le nénuphar	le philosophe	la strophe
un autographe	l'orphelin	le philtre	le télégraphe
le blasphème	l'orphéon	le phoque	le triomphe
le camphre	le paragraphe	le phosphore	le trophée
la catastrophe	la phalange	la phthisie	le typographe
la cosmographie	le phare	la physique	etc.
le dauphin	la pharmacie	le prophète	

148.— XLVIII. **H** dans le corps des mots.

une adhésion	le catarrhe	unexhaussement	la rehausse
des arrhes	le cohéritier	une exhortation	la silhouette
le bahut	la cohue	une exhumation	le souhait
le bonheur	la compréhen-	inhumain	la trahison
le brouhaha	sion	une inhumation	la véhémence
le cahier	le dahlia	le mahométan	le véhicule
le cahot	l'envahissement	le malheur	le whist
la cahute	une exhalaison	la myrrhe	etc.

XLIX. — CONSONNES REDOUBLÉES.

OBSERVATION. Les consonnes **b, d, g,** ne se doublent que dans quelques mots cités dans le chapitre de la prononciation. Les consonnes **j, k, q, v, z,** ne se doublent jamais.

149. — Redoublement de **C.**

accablement	accapareur	accent	acceptation
acclamation	accommodement	accolade	accord
accroc	accroissement	accueil	accusation, etc
occasion	occident	occupation	occurrence etc
saccager	saccade	succomber	succulent, etc.

Excepté :

acacia	académie	acariâtre	acajou
ocre	oculiste	sucre	sucer

150. — Redoublement de **F.**

affaire	affreux	raffinement	taffetas, etc.
effet	effort	effroi	greffe, etc.
diffamer	différence	difficile	diffus, etc.
offense	office	offre	coffre, etc.
souffle	souffrance	suffire	suffrage, etc.
chauffer	gouffre	siffler	touffu, etc.

Excepté :

afin	soufre	carafe	trafic
Afrique	café	carafon	trafiquer

151. — Redoublement de **L.**

allée	alléger	allumer	dalle
allécher	allocution	balle	vallon, etc.
bretelle	cervelle	chapelle	dentelle
écuelle	flanelle	truelle	vaisselle, etc.
distiller	illusion	illustre	tranquille, etc.

Excepté : alarme, alerte, aliment, alouette, île, Iliade.

152. — Redoublement de **M.**

commandement	commencement	commettre	commission etc
immense	immobile	immortel	immunité, etc.
pommade	pomme	somme	sommet, etc.

Excepté :

comédie	comète	image	imiter
comestible	comité	imaginer	imitation

153. — Redoublement de N.

annales	année	annonce	annuler
bannière	bannir	cannibale	hanneton, etc.
antienne	étrenne, etc.	innocent	innover, etc.
couronner	donner	entonner	jalonner
citronnier	chaudronnier	cordonnier	marronnier,etc

Excepté : ramoner, s'époumoner.

154. — Redoublement de P.

apparat	appartement	apprendre	approuver
grappe	nappe	trappe	frapper, etc.
lippe	nippe, etc.	opposer	opprimer, etc.
suppléer	supplier	supprimer	suppurer, etc.

Excepté :

superbe	suprême	supin	superflu
apaiser	apercevoir	aplanir	aplatir

155. — Redoublement de R.

arracher	arrêt	arrivée	arroser
carrière	charretier	marraine	parrain, etc.
erreur	guerre	terreur	terrine
verrou	tonnerre, etc.	irriter	irruption, etc.
corrompre	torrent	corridor	corriger, etc.
nourrir	pourrir	courrier	fourreau, etc.

Excepté :

irascible	ire	iris	ironie

156. — Redoublement de S.

assainir	assassiner	assaut	assemblée
assidu	assiéger	assortir	assurer
bassin	boisseau	coussin	dessin
dissiper	essence	essieu	fantassin
paillasse	paperasse	paresse	possible
bassesse	caresse	forteresse	jeunesse
écrevisse	génisse	pelisse	saucisse
brosse	crosse	colosse	fosse
chausse	fausse	Prusse	Russie
confession	démission	passion	procession, etc.

REMARQUE. S'il n'y avait qu'un **s**, il aurait le son de **z**, puisqu'il serait entre deux voyelles et il faudrait dire **azainir, azidu.**

Excepté :

désuétude	préséance	parasol	vraisemblable

157. — Redoublement de T.

attacher	attaquer	atteindre	attendre
battre	chatte	natte	patte, etc.
betterave	guetter	nettoyer	regretter
allumette	assiette	brouette	cachette
cassette	côtelette	fourchette	raquette, etc.
botte	hotte, etc.	butte	lutte, etc.

Excepté :

atelier	atome	atonie	atroce

CHAPITRE III.

PREMIERS ÉLEMENTS DE LA GRAMMAIRE FRANÇAISE.

158. — La **grammaire française** enseigne à parler et à écrire correctement.

Il y a en français dix espèces de mots que l'on appelle les *parties du discours*, savoir : le **Nom** ou **Substantif**, l'**Adjectif**, l'**Article**, le **Pronom**, le **Verbe**, le **Participe**, la **Préposition**, l'**Adverbe**, la **Conjonction** et l'**Interjection**.

Les six premières, dont les terminaisons ou finales changent, sont dites **mots variables** ; les quatre dernières sont appelées **mots invariables,** parce qu'elles s'écrivent toujours de la même manière.

PREMIÈRE ESPÈCE DE MOTS.

LE NOM OU SUBSTANTIF.

159. — On appelle **noms** ou **substantifs** ces premiers mots que l'homme a dû inventer, pour nommer les personnes et les choses et pouvoir les désigner à ses semblables.

Les mots **homme, ville, habit** sont des noms. Le mot **homme** nous peint cet être vivant, le mot **habit** nous représente ce vêtement, comme le ferait un dessin.

160. — Mais les noms, **homme**, qui convient à tous les hommes, **ville,** qui convient à toutes les villes et qui pour cela sont appelés **noms communs,** ne suffisaient pas.

161. — Il fallut créer des mots nouveaux qui pussent désigner telle ville ou tel homme. Une ville a été nommée **Paris** et une autre, **Metz ;** cet homme fut appelé **Mathieu,** cet autre, **Robert ;** etc. Ces mots **Paris, Metz, Mathieu, Robert,** particuliers chacun à un seul être, sont des **noms propres.**

162. — Bientôt même, pour distinguer entre eux les deux fils de Mathieu ou les deux filles de Robert, on fit précéder les noms propres Mathieu, Robert, d'autres noms propres appelés **Prénoms,** et l'on dit : **Jean** Mathieu, **Charles** Mathieu et **Marie** Robert, **Catherine** Robert.

Les noms propres et les prénoms commencent toujours par une lettre majuscule.

Voici un tableau des prénoms le plus fréquemment employés.

163. — Prénoms de garçons :

Adolphe	Camille	Frédéric	Louis
Adrien	Claude	Gabriel	Nicolas
Albert	Charles	Gustave	Octave
Alexandre	Edmond	Henri	Paul
Alfred	Edouard	Isidore	Pierre
Alphonse	Emile	Jean	Philippe
Anatole	Ernest	Joseph	Stanislas
Arthur	Eugène	Jules	Théodore
Auguste	Félix	Laurent	Théophile
Baptiste	Ferdinand	Lucien	Victor, etc.

164. — Prénoms de filles :

Adèle	Augustine	Charlotte	Emilie
Agathe	Berthe	Claire	Emma
Amélie	Caroline	Clémentine	Ernestine
Anne	Catherine	Elisa	Eugénie
Antoinette	Cécile	Elisabeth	Fanny

Félicité	Henriette	Madeleine	Pauline
Françoise	Joséphine	Marguerite	Rosalie
Gabrielle	Julie	Marie	Sophie
Georgette	Laure	Mélanie	Susanne
Hélène	Louise	Octavie	Thérèse, etc.

Genre masculin, Genre féminin.

165. — Afin de marquer la distinction des sexes, on a imaginé le **genre masculin** et le **genre féminin**. Les noms d'hommes et d'animaux mâles ont été faits du genre masculin, *l'homme*, *le père*, *le cheval*, *le lion ;* les noms de femmes et de femelles, du genre féminin et l'on dit : *la femme*, *la mère*, *la jument*, *la lionne*, etc.

On a aussi donné les deux genres aux noms qui ne désignent pas des êtres vivants de l'un ou de l'autre sexe. Ainsi *un livre*, *le soleil*, sont du masculin ; *une table*, *la lune*, sont du féminin. L'usage est le seul guide à cet égard.

166. — Voici les noms sur le genre desquels on est quelquefois embarrassé.

Noms du genre masculin :

un abîme	un augure	un équinoxe	un obélisque
un abreuvoir	un autographe	un érysipèle	un observatoire
un accessoire	un automate	ou érésipèle	un obstacle
un acte	le balustre	un esclandre	un obus
un âge	le calque	un espace	un offertoire
un air	le candélabre	un évangile	un office
un alambic	le chanvre	un exemple	un ongle
un albâtre	le ciboire	un exercice	un opprobre
un alvéole	le concombre	un exorde	un organe
un amadou	le crabe	le girofle	un oracle
un amalgame	un échange	le globule	un orifice
un ambre	un éclair	un hémisphère	un ovale
un angle	un ellébore	un horoscope	le parafe
un antre	un éloge	un hospice	le pêne
un armistice	un émétique	un incendie	le pétale
un arrosoir	un emplâtre	un indice	le prestige
un art	un encensoir	un interstice	le risque
un artifice	un entonnoir	un intervalle	un socle
un astérisque	un épiderme	un ivoire	un squelette
un asthme	un épisode	le moustique	un ulcère
un auditoire	un équilibre	le narcisse (fleur)	un ustensile

167. — **Noms du genre féminin :**

une absinthe	une astuce	une équivoque	une ocre
une accolade	une atmosphère	une escadre	une œuvre
une agrafe	une auge	une escorte	une offre
une aile	une aurore	une étable	une omoplate
une alarme	une avalanche	la fibre	une orbite
une alcôve	la batiste	la gouge	une outre
une ammonia-	une ébène	une horloge	la paroi
que	une écarlate	une hydre	la patère
une amorce	une écritoire	une idole	la quinine
une ancre	une écumoire	une impasse	la réglisse
une après-midi	une enclume	la jujube	la sandaraque
une argile	une enigme	la loutre	la sentinelle
une armoire	une épitaphe	la marge	une urne
une artère	une équerre	la nacre	une usine, etc.

Nombre singulier, Nombre pluriel.

168. — On a aussi varié la terminaison des noms, afin
de faire voir si l'on parle d'un seul être ou de plusieurs.
On dit **l'homme, un cheval,** quand il s'agit d'un seul;
c'est le nombre **singulier.** On dit **les hommes, les chevaux,**
en parlant de plusieurs ; c'est le nombre **pluriel.**

Il y a des substantifs qui ne s'emploient qu'au singulier
et d'autres qui n'ont que le pluriel.

169. — **Noms qui ne s'emploient qu'au singulier :**

l'adolescence	la clémence	l'innocence	la pureté
l'authenticité	la confiance	l'intrépidité	la sagesse
le beau	le courage	la mobilité	la sobriété
la bénignité	la décence	la mollesse	la soif
la brièveté	l'enfance	la morale	la tempérance
la candeur	l'équité	l'obéissance	la vélocité
la catholicité	l'estime	l'odorat	la vieillesse
la célérité	la faim	l'oisiveté	le vrai, etc.
la chasteté	la foi	la propreté	
le chauffage	la gloire	la prudence	
la chrétienté	l'humanité	la pudeur	

170. — Les noms suivants ne s'emploient généralement qu'au singulier.

l'argent	l'or	le fer	le cuivre, etc.
le bleu	le rouge	le blanc	le noir, etc.
l'utile	l'agréable	le boire	le manger, etc.
l'encens	la myrrhe	l'oxigène	l'hydrogène, etc.
le beurre	la limonade	le laitage	le prochain, etc.
l'aloyau	le bercail	le duvet	le bétail, etc.

171. — Substantifs masculins qui n'ont que le pluriel :

Abois	bestiaux	frais	reins
agrès	confins	mânes	simples (plantes)
aguets	décombres	matériaux	vestiges
ancêtres	dépens	pleurs	vitraux
arrérages	fonts (de bap- tême)	proches (pa- rents)	vivres, etc.

Substantifs féminins qui n'ont que le pluriel :

accordailles	besicles	entrailles	mœurs
annales	broussailles	épousailles	mouchettes
archives	catacombes	fiançailles	obsèques
armoiries	cisailles	funérailles	représailles
arrhes	complies	hardes	ténèbres
assises	doléances	immondices	vêpres, etc.

172. — On dit **un ciseau,** quand il s'agit de l'instrument qui sert à travailler le bois, le fer, la pierre ; on dit **les ciseaux,** en parlant de l'instrument avec lequel on coupe la toile, le drap.

On dit **une pincette** et plus ordinairement **les pincettes** pour désigner cet ustensile de fer à deux branches égales, dont on se sert pour accommoder le feu.

FORMATION DU PLURIEL DANS LES NOMS.

Règle générale.

173. — Pour former le pluriel dans les noms, on ajoute à la fin du singulier la lettre **s** : **l'homme,** au pluriel **les hommes ;** **la ville,** au pluriel **les villes.**

Remarque. La lettre **s**, qui est ici le signe ou la caractéristique du pluriel, ne change pas la prononciation de l'**e muet,** comme nous l'avons vu page 15.

Comme exercices, on mettra au pluriel les noms des n⁰ˢ
41, 43, 44, 47, 48, 66, 75, 98, 99, de la manière suivante:
un acacia, des acacias, ou bien le baba, les babas, etc.

174. — Noms terminés par **s, x, z.**

Mais si le nom est terminé au singulier par **s, x, z,** le
pluriel s'écrit de même : **le fils, les fils ; le nez, les nez ;
la voix, les voix.**

Mettre au pluriel les noms suivants, exemple : un abcès,
les abcès.

un abcès	le concours	le matelas	le remords
un ais	le corps	le mets	le revers
un amas	le discours	le mois	la souris
un anchois	le dos	le mors	le tapis
un avis	l'embarras	un os	le tas
un bas	l'enclos	le pays	le temps
un bois	l'engrais	le poids	le velours
le bras	le laquais	le pois	le verglas
le buis	le legs	le putois	le vernis
le cabas	le lilas	le puits	le villageois
le commis	le logis	le refus	la vis, etc.

175. l'ambitieux	la croix	le flux	la perdrix
la chaux	le crucifix	le lynx	la poix
le choix	le faix	la noix	le prix
le courroux	la faux	la paix	la toux
le biez	le gaz	le rez-de-chaussée	le riz

176. — Noms terminés par **au, eau, eu.**

Les noms terminés au singulier par **au, eu ,** prennent **x**
au pluriel: **le bateau, les bateaux; le feu, les feux;** etc.

Ecrivez au pluriel les noms suivants :

le boyau	le gluau	le noyau	l'unau, etc.
un étau	le gruau	le préau	**le landau**
le fabliau	le hoyau	le sarrau	fait
le fléau	le joyau	le tuyau	les **landaus**

177. un agneau	le carreau	le cuveau	le fourreau
un anneau	le cerceau	le drapeau	le lionceau
un barbeau	le cerneau	un écriteau	le moineau
un bedeau	le chevreau	le faisceau	le naseau

le panneau	le ruisseau	le tableau	le troupeau
la peau	le seau	le taureau	le vaisseau
le râteau	le sureau	le traîneau	le veau, etc.

178. un adieu | un essieu | le lieu | le neveu
un aveu | un hébreu | le milieu . | le pieu
un cheveu | le jeu | le moyeu | le vœu, etc.

179. — Noms terminés par ou.

On écrit aussi avec **x** le pluriel des **7** noms suivants :

le bijou	les bijoux	le caillou	les cailloux
le chou	les choux	le genou	les genoux
le hibou	les hiboux	le joujou	les joujoux
le pou	les poux		

Les autres s'écrivent avec **s** : un *acajou*, les **acajous**; le *bambou*, les **bambous**.

Mettez au pluriel les noms suivants :

l'acajou	le cou	le fou	le sapajou
le bambou	le coucou	le glouglou	le sou
le brou	l'écrou	le licou	le trou
le clou	le filou	le matou	le verrou, etc.

180. — Noms terminés par al.

Les noms suivants en **al** prennent **s** au pluriel :

le bal	les bals	le chacal	les chacals
le cal	les cals	le nopal	les nopals
le carnaval	les carnavals	le régal	les régals

Les autres changent **al** en **aux** : l'*amiral*, les **amiraux**.

l'amiral	le cardinal	un hôpital	le minéral
l'animal	le confessionnal	le journal	le piédestal
un arsenal	le cordial	le local	le signal
le bocal	le cristal	le madrigal	le total
le canal	un étal	le maréchal	le tribunal
le capital	le fanal	le mémorial	le val
le caporal	le général	le métal	le végétal

181. — Noms terminés par ail.

On change aussi **ail** en **aux** dans les noms suivants:

le bail	un émail	le soupirail	le vantail.
le corail	le travail		

182. — Les autres font leur pluriel en **ails** avec un **s**, exemple : un *attirail*, des **attirails.**

un attirail	le détail	un éventail	le poitrail
le camail	un épouvantail	le gouvernail	le portail

183. — En parlant d'un homme, on dit **un acteur ;** on dit **une actrice**, en parlant d'une femme.

acteur	donateur	instituteur	protecteur
bienfaiteur	exécuteur	inventeur	spectateur
directeur	inspecteur	moniteur	tuteur, etc.

184. — On dit de même :

l'ambassadeur	l'ambassadrice	le musicien	le musicienne
le comte	la comtesse	le vengeur	la vengeresse
le duc	la duchesse	le bailleur) de cette	la bailleresse
l'Empereur	l'Impératrice	le vendeur) mai-	la venderesse
le prince	la princesse	(son	
le Roi	la Reine	le boucher	la bouchère
le héros	l'héroïne	le boulanger	la boulangère
le maître	la maîtresse	le marchand	la marchande
le souverain	la souveraine	le meunier	la meunière
le gouverneur	la gouvernante	le pêcheur	la pêcheuse
le serviteur	la servante	le pécheur	la pécheresse
un enchanteur	une enchante-resse	(*qui commet des péchés*)	
		le revendeur	la revendeuse

185. — On dit toujours **un auteur**, qu'il soit question d'un homme ou d'une femme : *cet homme est un auteur, cette dame est un auteur ;* ou bien *cet homme est auteur, cette dame est auteur.*

auteur	imprimeur	philosophe	sauveur
amateur	interprète	poëte	témoin
écrivain	peintre	professeur	traducteur

186. — En parlant des animaux, on dit :

POUR LE MALE		POUR LA FEMELLE	
le bélier	le bouc	la brebis	la chèvre
le canard	le cerf	la cane	la biche
le chat	le chien	la chatte	la chienne
le dindon	le lièvre	la dinde	la hase
le lion	le loup	la lionne	la louve
le perroquet	le sanglier, etc	la perruche	la laie, etc.

187. — On dit indistinctement pour les deux sexes :

l'alouette	l'éléphant	la marmotte	le renne
le bouvreuil	l'escargot	le merle	le rossignol
le canari	la fouine	le mulot	le sansonnet
le chardonneret	la gazelle	la perdrix	le serpent
le corbeau	le hanneton	la pie	la taupe
l'écureuil	le léopard	le rat	la tortue, etc.

188. — Mettez au pluriel les noms contenus dans les numéros 42, 53, 54, 60, 62, 63, 65, 66, 74.

189. — Parmi les noms communs on distingue les **noms collectifs** et les **noms composés**.

1° **Noms collectifs**, c'est-à-dire, qui désignent soit une collection entière de personnes ou de choses, soit une partie de cette collection.

un amas	un essaim	la multitude	une quantité
une armée	la flotte	le nombre	un régiment
le bataillon	la forêt	une nuée	le troupeau
un escadron	la foule	le peuple	une troupe, etc.

2° **Noms composés**, c'est-à-dire, qui sont formés de plusieurs mots unis le plus souvent par un trait d'union :

un arc-boutant	le chef-lieu	l'hôtel-Dieu	la pomme de terre
un arc-en-ciel	le chou-fleur	le laurier-rose	la porte cochère
la basse-cour	la fête-Dieu	l'oiseau-mouche	le ver luisant.
le chef-d'œuvre	le grand-père	le pèse-liqueur	

DEUXIÈME ESPÈCE DE MOTS.

ADJECTIF.

190. — Les personnes et les choses ont toutes des qualités, des manières d'être qui leur sont particulières. Afin d'exprimer ces qualités, ces manières d'être, on a créé des mots nouveaux qui s'ajoutent aux substantifs et qui s'appellent **adjectifs qualificatifs**.

C'est ainsi que l'on dit : un homme **bon**, un homme **méchant**, un homme **instruit**, un homme **ignorant**, un homme **brave**, un homme **lâche**, un homme **grand**, un homme **petit**, un homme **riche**, un homme **pauvre**, un homme **laborieux**, un homme **paresseux**, etc. Ces mots *bon, méchant, instruit, ignorant, brave, lâche, grand, petit, riche , pauvre , laborieux , paresseux*, etc. qui sont ajoutés au nom homme pour exprimer les qualités bonnes ou mauvaises de l'homme, sont des *adjectifs qualificatifs*.

191. — Les mots **un, deux, trois**, etc. **premier, second**, etc., qui s'ajoutent au nom pour indiquer soit le nombre déterminé, soit le rang des personnes ou des choses, sont des **adjectifs numéraux**. Exemples: *un franc, deux plumes, tome second*.

192. — Les mots **quelques, plusieurs, chaque, certain**, etc. qui s'ajoutent au nom, soit pour indiquer un nombre indéfini, soit pour désigner vaguement une personne ou une chose que l'on ne veut pas ou que l'on ne peut pas faire connaître , sont des **adjectifs indéfinis**. Exemple : *plusieurs livres, chaque soldat, certain auteur*.

193. — Les mots **mon, ton, son**, etc. qui s'ajoutent au nom pour faire connaître le possesseur d'un objet, sont des **adjectifs possessifs**. Exemples : *mon livre, ton chapeau*.

194. — Enfin , les mots **ce , cet** , etc. qui s'ajoutent au nom pour montrer la personne ou la chose dont on parle sont des **adjectifs démonstratifs**. Exemples : *ce cahier, cet oiseau, cette table*.

195. — Il y a donc cinq sortes d'adjectifs : les *qualificatifs*, les *numéraux*, les *indéfinis*, les *possessifs*, les *démonstratifs*.

196. — Puisque l'adjectif accompagne toujours un nom, il en résulte qu'on connaît qu'un mot est adjectif quand on peut y joindre le mot **personne** ou **chose**. Ainsi *habile , agréable* sont des adjectifs , parce qu'on peut dire *personne habile, chose agréable*.

197. — Les adjectifs sont toujours du même genre et au même nombre que les noms auxquels ils sont joints.

Ils ont donc les deux genres, masculin et féminin. Cette différence de genres se marque ordinairement par la dernière lettre.

FORMATION DU FÉMININ, DANS LES ADJECTIFS.

198. — Les adjectifs, qui sont terminés au masculin par **e muet**, ne changent pas au féminin : *un garçon affable — une fille affable*.

affable	coupable	énorme	fourbe
aimable	économe	habile	humble
charitable	impie	irascible	robuste
sage	sensible	sobre	timide, etc.

199. — Les adjectifs, qui ne sont pas terminés au masculin par **e muet**, en prennent un au féminin : **adroit** pour le masculin et **adroite** pour le féminin.

Mettez au féminin les adjectifs suivants :

adroit	innocent	pur	vilain
bleu	obéissant	sensé	etc.

200. — Adjectifs qui s'écrivent au féminin comme au masculin : *un cadre* **ovale,** *une table* **ovale.**

Ovale, pâle, sale — avare, barbare, rare — bizarre — fidèle, frêle, parallèle, — rebelle, — austère, colère, prospère, sévère, sincère, — agraire, alimentaire, dépositaire, épistolaire, extraordinaire, imaginaire, incendiaire, linéaire, mortuaire, pécuniaire, précaire. — agile, débile, docile, utile — tranquille — aratoire, dérisoire, exécutoire, expiatoire, illusoire, inflammatoire, méritoire, obligatoire, préparatoire, transitoire, — agricole, bénévole, frivole, drôle, — sonore, tricolore, — crédule, ridicule, — angélique, astronomique, catholique, classique, héroïque, historique, — aigre, obscène, dense, immense.

201. — Adjectifs dont le féminin s'obtient par l'addition d'un **e muet** à la fin du masculin : *un salut* **amical,** *une lettre* **amicale.**

Amical, fatal, final, frugal, nasal, naval, vénal, etc. — délicat, ingrat, — babillard, bavard, criard, — épars, — aisé, insensé, rusé, sensé, zélé, — bai, gai, vrai, — prêt, — laid, — abstrait, distrait, parfait, stupéfait, — français, mauvais, niais, — clair, impair, pair, — désert, — divers, pervers, — vert, — correct, — ami, ennemi, étourdi, hardi, joli, — exquis, gris, indécis, précis, — contrit, érudit, fortuit, gratuit, petit, — dévot, idiot, manchot, — chaud, nigaud, penaud, rustaud, — ardu, assidu, barbu, bossu, cossu, dodu, pointu, têtu, touffu, velu, ventru, — confus, obtus, perclus, — anglican, — abondant, brillant, fatigant, méchant, savant, — friand, grand, gourmand, —

absent, content, influent, prudent, turbulent, — exempt, — certain, hautain, humain, sain, soudain, vain, — saint, — plein, serein, — chagrin, divin, mesquin, voisin, — distinct, succinct, — blond, fécond, rond, second, vagabond, — prompt, — aucun, brun, chacun, commun, importun, — bleu, — seul, — antérieur, postérieur ; extérieur, intérieur; majeur, mineur; inférieur, supérieur; meilleur, — courtois, sournois, — froid, — étroit, — noir, — bissextil, civil, incivil, puéril, vil, viril, — espagnol, — court, — lourd, sourd, — dur, impur, mûr, obscur, sûr.

202. — Adjectifs dans lesquels on double la consonne finale du masculin, avant d'ajouter **e muet** pour le féminin : **bas** et au féminin **basse.**

Bas, gras, las, — épais, — exprès, — paysan, — accidentel, actuel, annuel, artificiel, **bel** ou **beau**, correctionnel, confidentiel, continuel, cruel, essentiel, éventuel, fraternel, immortel, matériel, maternel, mortel, **nouvel** ou **nouveau**, originel, partiel, paternel, ponctuel, solennel, spirituel, superficiel, tel, temporel, textuel, véniel, visuel, universel, — pareil, vermeil, **vieil** ou **vieux**. — gentil, — **fol ou fou, mol ou mou,** — nul, — bon, bouffon, poltron, — gros. — pâlot, sot, vieillot, — aérien, ancien, chrétien, gardien, mitoyen, moyen, païen, quotidien, — cadet, muet, net, propret, violet.

203. — Adjectifs qui outre l'**e muet** reçoivent un accent grave sur l'avant dernier e : **complet** et au féminin **complète.**

Complet, concret, discret, inquiet, replet, secret — altier, amer, berger, cher, dernier, entier, étranger, familier, fier, gaucher, guerrier, journalier, léger, ménager, mensonger, passager, potager, premier, régulier, viager, etc.

204. — Adjectifs dont le féminin s'obtient par le changement de **f** en **ve** : **actif** et au féminin **active.**

Actif, adoptif, attentif, bref, captif, coercitif, chétif, consécutif, convulsif, craintif, définitif, digestif, exécutif, expéditif, fautif, inattentif, inventif, maladif, naïf, neuf, oisif, pensif, sauf, veuf, vif, vindicatif, etc.

205. — Adjectifs dont le féminin s'obtient par le changement de **x** en **se** : **affreux** et au féminin **affreuse.**

Affreux, ambitieux, avantageux, boiteux, boueux, capricieux, courageux, curieux, dangereux, dédaigneux, désireux, douteux, ennuyeux, fâcheux, généreux, gracieux, heureux, honteux, ingénieux, injurieux, joyeux, laborieux, marécageux, malheureux, nombreux, noueux, onéreux, orgueilleux, paresseux, peureux, pieux, respectueux, silencieux, soigneux, studieux, valeureux, vertueux, vicieux, — jaloux.

206. — On change **eur** en **euse** pour les suivants: **brodeur** et au féminin **brodeuse.**

Brodeur, buveur, chanteur, chasseur, danseur, flatteur, menteur, moissonneur, moqueur, parleur, quêteur, trompeur, vendeur, etc.

Remarque. Les substantifs en **teur,** (n° 183) sont aussi souvent employés comme adjectifs.

207. — Les adjectifs en **gu** prennent un tréma sur la lettre **e** que l'on ajoute pour former le féminin. Exemples : *aigu, ambigu, contigu, exigu,* et au féminin *aiguë, ambiguë, contiguë, exiguë.*

208. — Les adjectifs suivants forment ainsi leur féminin :

MASCULIN.	FÉMININ.	MASCULIN.	FÉMININ.
doux	douce	blanc	blanche
roux	rousse	franc	franche
faux	fausse	sec	sèche
malin	maligne	frais	fraîche
bénin	bénigne	public	publique
long	longue	caduc	caduque
favori	favorite	turc	turque
tiers	tierce	grec	grecque

FORMATION DU PLURIEL DANS LES ADJECTIFS.

209. — On met l'adjectif au masculin pluriel ou au féminin pluriel, en ajoutant **s** à la fin du singulier :

SINGULIER.		PLURIEL.	
MASCULIN.	FÉMININ.	MASCULIN.	FÉMININ.
bon	bonne	bons	bonnes
sage	sage	sages	sages
bleu	bleue	bleus	bleues
mou	molle	mous	molles
nasal	nasale	nasals	nasales, etc.

Remarque. — Les adjectifs *bleu, feu, fou, mou,* ne font pas exception.

210. — Les adjectifs *beau, jumeau, nouveau,* — *hébreu,* prennent un **x** au pluriel : *beaux, jumeaux, nouveaux,* — *hébreux.*

211. — Les adjectifs terminés par **s**, **x**, s'écrivent au pluriel comme au singulier : *un enfant* **studieux**, *des enfants* **studieux**, — *un repas* **exquis**, *des repas* **exquis**.

212. — Adjectifs en **al.**

1° La plupart des adjectifs en **al** ont le pluriel en **aux** : **brutal** et au pluriel **brutaux.**

Brutal, baptismal, bestial, cantonal, capital, cardinal, commercial, conjugal, décimal, déloyal, départemental, égal, général, guttural, horizontal, infernal, légal, libéral, matrimonial, méridional, moral, municipal, musical, national, numéral, oral, ordinal, oriental, original, pectoral, pyramidal, royal, rural, septentrional, spécial, social, thermal, verbal, végétal, vénal, vertical, vicinal, etc.

213. — Les suivants prennent **s** au pluriel : *un décret* **fatal**, *des décrets* **fatals.**

Fatal, filial, final, frugal, glacial, initial, jovial, labial, matinal, nasal, naval, pascal, théâtral.

Nota. l'Académie n'admet le pluriel **als** que pour *fatal.* Elle cite même *des os nasaux,* en chirurgie.

214. — D'autres adjectifs en **al** ne s'emploient pas au pluriel masculin :

Adverbial, amical, austral, boréal, colossal, cérébral, expérimental, littéral, martial, mental, natal, normal, pénal, sépulcral, stomacal, virginal, etc.

215. — Adjectifs **numéraux cardinaux**, c'est-à-dire, qui marquent le nombre, la quantité :

Un, deux, trois, quatre, cinq, six, sept, huit, neuf, dix, onze, douze, treize, quatorze, quinze, seize, dix-sept, dix-huit, dix-neuf, vingt, vingt-un, vingt-deux, vingt-trois, vingt-quatre, vingt-cinq, vingt-six, vingt-sept, vingt-huit, vingt-neuf, trente, quarante, cinquante, soixante, soixante-dix, quatre-vingts, quatre-vingt-dix, cent, mille, etc.

Remarque. Quand deux ou plusieurs nombres se réunissent pour en former un seul, on les joint par un trait d'union, lorsqu'ils sont inférieurs à cent : *dix-huit*, *quatre-vingt-dix-neuf, cent vingt-trois*, l'an *mil huit cent cinquante-huit.*

216.— Adjectifs **numéraux ordinaux**, c'est-à-dire, qui marquent l'ordre, le rang :

Premier , second ou deuxième , troisième , quatrième , cinquième, sixième, septième, huitième, neuvième, dixième, vingtième, etc, centième, millième, etc.

217. — Adjectifs **indéfinis.**

SINGULIER.		PLURIEL.	
MASCULIN.	FEMININ.	MASCULIN.	FÉMININ.
aucun	aucune	aucuns	aucunes
certain	certaine	certains	certaines
maint	mainte	maints	maintes
nul	nulle	nuls	nulles
quel	quelle	quels	quelles
quelconque	quelconque	quelconques	quelconques
quelque	quelque	quelques	quelques
tel	telle	tels	telles
chaque	chaque	pas de pluriel.	
tout	toute	tous	toutes
un	une	des	des
pas de singulier.		plusieurs	plusieurs

218. — Adjectifs **possessifs.**

MASCULIN SINGULIER.	FÉMININ SINGULIER.	PLURIEL DES DEUX GENRES.
mon	ma	mes
ton	ta	tes
son	sa	ses
notre	notre	nos
votre	votre	vos
leur	leur	leurs

219. — Adjectifs **démonstratifs.**

MAS. SING	FÉM SING.	PLU. DES DEUX GENRES.
ce, cet.	cette	ces

On dit: *ce village, ce hameau, cet homme, cet oiseau.*

4

TROISIÈME ESPÈCE DE MOTS.
L'ARTICLE.

220. — Quand on dit *homme*, *homme savant*, *deux hommes*, *quelques hommes*, on ne sait de qui l'on parle. Le mot *homme* est pris dans le **sens vague** ou **indéfini.**

221. — Si l'on dit *cet homme*, *mon livre*, on sait de quel homme et de quel livre il est question ; c'est le **sens déterminé.**

222. — Le sens est encore déterminé dans ces phrases : *Le livre de Pierre*, *Le livre qui m'a été donné en prix*, *Le livre que je lis est instructif ;* car ces mots **de Pierre**, ou **qui m'a été donné en prix**, ou **que je lis**, font connaître le livre dont il s'agit. Dans ce cas le nom **livre** est précédé du mot **le.**

223. — Ce petit mot *le*, qui précède les noms pour annoncer qu'ils sont pris non dans un sens vague, mais dans un sens déterminé, se nomme **article.**

REMARQUE. *Mon livre* est la même chose que *le livre de moi ; cette table* équivaut à *la table qui est là*, ou *à la table que vous voyez.*

224. — L'article, qui seul ne signifie rien, ne marche jamais sans un nom dont il prend le genre et le nombre.

L'article **le**, que l'on met devant un nom masculin singulier, devient **la**, si le nom est du féminin et au singulier.

Ainsi l'on connaît qu'un nom est du genre masculin, quand on peut mettre **le** devant ce nom : *le livre*, *le père.* On connaît qu'un nom est du genre féminin, quand on peut mettre **la** : *la table*, *la mère.*

Il en résulte encore que le mot précédé de **le** ou de **la** est un nom. Ainsi les adjectifs *blanc*, *beau*, *utile*, *agréable* deviennent substantifs, quand on dit : *le blanc*, *le beau*, *l'utile*, *l'agréable.*

Quelquefois cependant l'adjectif s'interpose entre l'article et le nom : *le beau cheval.*

225. — Au pluriel il n'y a qu'une seule forme **les** pour les deux genres : *les livres*, *les tables.*

REMARQUE. Le nom propre désigne toujours précisément la personne ou la chose dont on parle et n'est jamais précédé de l'article. On ne dit donc pas : *le Charles*, *la Catherine.*

226. — Le tableau suivant présente toutes les circons-tances où peuvent se trouver **le**, **la**, **les**, et offre les chan-gements auxquels ils sont soumis, par suite d'élision ou de contraction.

SINGULIER.

La mère,	de la mère,	à la mère,	
la halle,	de la halle,	à la halle,	
l'histoire,	de l'histoire,	à l'histoire,	{ **l'** au lieu de
l'aile,	de l'aile,	à l'aile,	**la**,

quand le nom féminin commence par une voyelle, ou par **h** muet.

l'homme,	de l'homme,	à l'homme,	{ **l'** au lieu de
l'oiseau,	de l'oiseau,	à l'oiseau,	**le**,

quand le nom masculin commence par une voyelle, ou par **h** muet.

le père,	du père,	au père,	{ **du** pour **de le**
le héros,	du héros,	au héros,	{ **au** pour **à le**,

quand le nom masculin commence par une consonne ou par **h** aspiré.

PLURIEL.

les mères,	des mères,	aux mères,	
les halles,	des halles,	aux halles,	{ **des** pour **de**
les histoires,	des histoires,	aux histoires,	**les**.
les ailes,	des ailes,	aux ailes,	
les hommes,	des hommes,	aux hommes,	
les oiseaux,	des oiseaux,	aux oiseaux,	{ **aux** pour **à**
les pères,	des pères,	aux pères,	**les**.
les héros,	des héros,	aux héros,	

QUATRIÈME ESPÈCE DE MOTS.
LE PRONOM.

227. — Au lieu de dire *quand Jules saura sa leçon, Jules récitera sa leçon*, on dit : *quand Jules saura sa leçon*, **il la** *récitera*.

Ces mots **il**, **la**, qui sont mis pour les noms **Jules** et le-çon, sont des **pronoms**.

228. — Il y a six sortes de pronoms: les pronoms **person-nels**, les pronoms **possessifs**, les pronoms **démonstratifs**, les pronoms **relatifs**, les pronoms **interrogatifs** et les pronoms **indéfinis**.

1° **Pronoms personnels.**

229. — Si je demande à mon fils Charles ce qu'il fait, il me répond : **Je lis** et non pas **Charles lit.**

Si j'adresse la même question à sa sœur, elle répond aussi : **Je lis.**

Le mot **je**, mis pour le nom de la personne qui parle et qui se désigne elle-même, est un pronom **personnel de la première personne.** Il est du masculin, quand c'est un homme qui parle et du féminin, quand c'est une femme.

Si je fais cette question à Charles et à sa sœur à la fois, ils répondent : **nous lisons.**

Nous est le pronom personnel de la première personne du pluriel. Il est masculin, si ce sont des hommes qui parlent ; il est féminin, si ce sont des femmes.

La personne qui parle se représente aussi par **me, moi.** Jules dit : *Paul* **me** *contrarie* et non pas *Paul contrarie je.* — *On a besoin de* **moi** et non pas *On a besoin de je* ou *de me.*

Les pronoms personnels de la première personne sont donc **je, me, moi,** pour le singulier et **nous,** pour le pluriel.

230. — Le nom de la personne à qui l'on parle se remplace par **tu,** que ce soit un homme ou une femme. On dit **vous,** quand on parle à plusieurs personnes.

Ainsi, je dis à Charles : *tu lis* et non pas *Charles lit.* Je dis pareillement à sa sœur : *tu lis* et non pas *Marie lit.* — Si je m'adressais aux deux à la fois, je dirais : *vous lisez* et non pas *Charles et Marie lisent.*

Tu et **vous,** qui remplacent les noms des personnes à qui l'on parle, sont les pronoms **personnels de la deuxième personne.** Ils sont des deux genres. **Tu,** sert pour le singulier et **vous,** pour le pluriel.

Cependant par politesse, on dit **vous** au lieu de **tu** au singulier : *mon enfant,* **vous** *êtes bien sage.*

Quelquefois au lieu de **tu,** on emploie **te, toi.** Exemples : *ce livre est pour* **toi.** — *Je* **te** *loue.*

Les pronoms personnels de la deuxième personne sont donc **tu, te, toi,** pour le singulier et **vous,** pour le pluriel.

231. — Lorsqu'on parle de quelqu'un ou de quelque chose, on peut mettre **il** ou **elle,** au lieu de répéter le nom. **Il** s'emploie pour un nom masculin et **elle** pour un nom féminin.

Ainsi, Charles questionné sur ce que fait son frère Jules, répond : **il** *lit* ou *Jules lit.*

S'il s'agit de sa sœur, il dit : **elle** *lit* ou *Marie lit.*

Quand il est question de plusieurs personnes ou de plusieurs choses, on met **ils, elles** : *ils* ou *elles lisent.*

Il, elle, ils, elles sont les pronoms **personnels de la troisième personne.**

Quelquefois on emploie **se, soi, le, la, lui,** au lieu de *il, elle,* et l'on remplace *ils, elles,* par **se, les, eux, leur.**

Il y a encore **en** qui signifie *de lui, d'elle, d'eux, d'elles* et **y** qui signifie *à cette chose, à ces choses, à cela.*

232. — Tableau des pronoms personnels.

SINGULIER.

Je	me	moi,	pour la 1re personne
tu	te	toi,	pour la deuxième
il, elle,	se, le, la, lui, en, y,	soi,	pour la troisième

PLURIEL.

nous	pour la 1re personne
vous	pour la deuxième
ils, elles, se, les, eux, leur, en, y,	pour la troisième

2° **Pronoms possessifs.**

233. — Ne dites pas : *voilà votre livre et voici mon livre* ; mais dites : *voilà votre livre et voici* **le mien.**

Le mien, qui remplace le nom livre et qui en indique en même temps le possesseur, est un pronom **possessif.**

Voici les pronoms possessifs :

SINGULIER.

Masculin. — le mien, le tien, le sien, le nôtre, le vôtre, le leur.

Féminin. — la mienne, la tienne, la sienne, la nôtre, la vôtre, la leur.

PLURIEL.

Masculin. — les miens, les tiens, les siens, les nôtres, les vôtres, les leurs.

Féminin. — les miennes, les tiennes, les siennes, les nôtres, les vôtres, les leurs.

3° **Pronoms démonstratifs.**

234. — On ne dit pas : *Ce livre est à moi et ce livre est à vous.* On dit : *ce livre est à moi et* **celui-ci** *est à vous.*

Celui-ci, qui remplace le nom du livre qu'on montre est un pronom **démonstratif**.

Les pronoms démonstratifs sont :
Singulier masculin: celui, celui-ci, celui-là, ce, ceci, cela.
Singulier féminin : celle, celle-ci, celle-là.
Pluriel masculin : ceux, ceux-ci, ceux-là.
Pluriel féminin : celles, celles-ci, celles-là.

4° **Pronoms relatifs.**

235. — Dans cette phrase *le livre que je lis est beau,* le mot **que** est un pronom **relatif**, parce qu'il est en relation avec le mot *livre* qu'il représente.

Voici les pronoms relatifs :

Qui, que, quoi, dont, où { des deux genres et des deux nombres.

Lequel, duquel, auquel, au masculin singulier.
Laquelle, de laquelle, à laquelle, au féminin singulier.
Lesquels, desquels, auxquels, au pluriel masculin.
Lesquelles, desquelles, auxquelles, au pluriel féminin.

5° **Pronoms interrogatifs.**

236. — Quand on dit : *qui a fait cela ?*, le mot **qui** représente le nom de la personne qui a fait cette chose et sert à interroger ; c'est un pronom **interrogatif**.

Ces pronoms sont : qui, que, quoi, lequel, duquel, auquel, laquelle, etc., lesquels, etc., lesquelles, etc.

6° **Pronoms indéfinis.**

237. — Quand je dis : *on frappe à la porte,* le mot **on** remplace le nom de la personne qui frappe sans la faire connaître ; c'est un pronom **indéfini**.

Ces pronoms sont : chacun, chacune ; quelqu'un, quelqu'une, quelques-uns, quelques-unes ; l'un, l'une, les uns, les unes ; l'autre, les autres ; on, quiconque, autrui, personne, rien, l'un l'autre, l'un et l'autre, qui que ce soit, quoi que ce soit, quoi que ; — nul, nulle ; aucun, aucune ; tel, telle ; tout, toute, et au pluriel tous, toutes ; plusieurs.

CINQUIÈME ESPÈCE DE MOTS.

LE VERBE.

238.—Pour signifier que la qualité marquée par l'adjectif **laborieux** convient à **Paul**, je dis : *Paul est laborieux.*
Je dis de même *Paul est malade,* si je veux faire enten-

dre que *Paul* est dans l'état marqué par l'adjectif *malade*.

Ce mot nouveau **est**, qui sert à affirmer que telle qualité appartient à Paul, ou que Paul est dans tel état, se nomme **verbe**. Sans lui, ces deux mots *Paul, laborieux* ou *Paul, malade*, resteraient détachés et ne pourraient former une phrase.

Si je veux exprimer que Pierre fait l'action de lire, je dis : *Pierre lit.* Le mot **lit**, qui signifie **est lisant**, est aussi un verbe.

» **Le verbe est donc un mot dont on se sert pour**
» **affirmer que l'on est, ou que l'on fait quelque**
» **chose.** »

239. — On connaît un verbe en français quand on peut y ajouter ces pronoms **je, tu, il** ou **elle** ; — **nous, vous, ils** ou **elles. Lire** est un verbe, parce qu'on peut dire : **je lis, tu lis, il** ou **elle lit,** etc.

240. — Le verbe change de terminaison : *je chante, tu chantes, je chantais, je chanterai,* etc.

Ces différentes terminaisons indiquent :

1° Si je parle de moi, **je suis** ; si je parle à quelqu'un, **tu es** ; si je parle de quelqu'un ou de quelque chose, **il** ou **elle est** : ce sont **les trois personnes du singulier.**

2° Si je parle au nom de plusieurs, **nous lisons** ; si je m'adresse à plusieurs, **vous lisez** ; si je parle de plusieurs, **ils** ou **elles lisent** : ce sont **les trois personnes du pluriel.**

3° Si la chose **est**, si elle **a été** ou si elle **sera** ; ce sont les trois temps : **le présent, le passé, le futur.**

Il y a donc dans les verbes **trois personnes, deux nombres et trois temps.**

241. — Il y a aussi cinq modes :

L'indicatif, qui contient un temps pour le présent, cinq pour le passé et deux pour le futur ; le **conditionnel,** qui contient deux temps ; l'**impératif,** qui n'en a qu'un seul ; le **subjonctif,** qui en a quatre et l'**infinitif** qui n'a ni nombres ni personnes et qui renferme le *participe.*

242. — Réciter de suite les différents modes d'un verbe, avec tous leurs temps, leurs nombres et leurs personnes, c'est ce qu'on appelle **conjuguer.**

Il y a en français quatre conjugaisons, que l'on distingue par la terminaison de l'infinitif.

La 1re conjugais. a l'infinitif terminé en **er** comme **aimer**.

La 2e   a   l'infinitif en **ir**, comme **finir**.

La 3e   a   l'infinitif en **oir**, comme **recevoir**.

La 4e   a   l'infinitif en **re**, comme **rendre**.

VERBES EN **IR**, **IRE**.

243. — Ecrivez par **ire** les infinitifs des verbes qui ont le participe présent en **isant** ou **ivant** : conduire, construire, cuire, décrire, détruire, dire, écrire, élire, enduire, inscrire, instruire, lire, luire, nuire, prédire, prescrire, produire, proscrire, réduire, séduire, souscrire, suffire, traduire, transcrire, etc.

Ecrivez par **ir** tous les autres, excepté *bruire, frire, maudire, rire, sourire*.

VERBES EN **IR**.

Aboutir, acquérir, agir, brunir, chérir, choisir, courir, cueillir, dormir, durcir, emplir, enrichir, envahir, fléchir, flétrir, fleurir, fuir, gémir, mugir, mûrir, obéir, ouvrir, partir, punir, ravir, rôtir, salir, sévir, sentir, servir, sortir, tenir, ternir, unir, venir, vernir, vêtir, vieillir, etc.

VERBES EN **OIR**, **OIRE**.

244. — On écrit par **oir** tous les verbes qui sont terminés par ce son : apercevoir, asseoir, avoir, choir, concevoir, devoir, falloir, mouvoir, pleuvoir, pouvoir, recevoir, savoir, voir, valoir, vouloir, etc., excepté *boire, croire*.

VERBES EN **AINDRE**, **EINDRE**.

245. — Ecrivez avec **ain** les verbes *contraindre, craindre, plaindre* et tous les autres avec **ein** :

Astreindre, atteindre, ceindre, empreindre, enfreindre, épreindre, éteindre, feindre, geindre, peindre, restreindre, teindre.

Les dérivés suivent la même orthographe.

On écrit **contrainte, crainte, craintif, plainte, plaintif**, etc., — et **atteinte, ceinture, empreinte, feinte, peintre, peinture, teinture.**

VERBES EN **ANDRE, ENDRE**.

246. — On écrit par **an** les deux verbes épandre, répandre. Tous les autres s'écrivent avec **en**: Exemples: attendre, comprendre, défendre, dépendre, descendre, détendre, entendre, entreprendre, fendre, pendre, prendre, prétendre, rendre, retendre, surprendre, suspendre, tendre, vendre.

VERBES EN **AITRE, ETTRE**.

247. — Ecrivez par **aitre** les verbes terminés par ce son: apparaître, comparaître, disparaître, méconnaître, naître, paître, paraître, reconnaître, renaître, repaître.

Excepté **être**, **mettre** et ses composés admettre, commettre, compromettre, démettre, émettre, omettre, permettre, promettre, soumettre, transmettre, etc.

248. — Nous donnons ci-après un modèle pour chaque conjugaison. La plupart des verbes se conjuguent exactement comme ces modèles et sont dits verbes **réguliers**.

249. —Il y a deux verbes, **avoir**, **être**, que l'on nomme **auxiliaires**, parce qu'ils aident à conjuguer tous les autres : nous commencerons par ces deux verbes.

MODE INDICATIF		M. CONDITIONNEL	M. IMPÉRATIF	M. SUBJONCTIF	M. INFINITIF
PRÉSENT. Sing. J'ai. Tu as (1). Il ou elle a. Plur. Nous avons. Vous avez. Ils ou elles ont.	**FUTUR.** J'aurai. Tu auras. Il aura. Nous aurons. Vous aurez. Ils auront.	**PRÉSENT.** J'aurais. Tu aurais. Il aurait. Nous aurions. Vous auriez. Ils auraient.	Point de 1re personne. S. Aie. Point de 3e p. du sing. P. Ayons. Ayez. Point de 3e p. du plur.	**PRÉSENT OU FUTUR.** Que j'aie. Que tu aies. Qu'il ait. Que nous ayons. Que vous ayez. Qu'ils aient.	**PRÉSENT.** Avoir. **PASSÉ.** Avoir eu. **PARTICIPES.** **PRÉSENT.** Ayant. **PASSÉ.** Eu, ayant eu.
IMPARFAIT. J'avais. Tu avais. Il ou elle avait. Nous avions. Vous aviez. Ils ou elles avaient.	. . . .	. . . .	. . . .	**IMPARFAIT.** Que j'eusse. Que tu eusses. Qu'il eût. Que nous eussions. Que vous eussiez. Qu'ils eussent.	
PASSÉ DÉFINI. J'eus. Tu eus. Il eut. Nous eûmes. Vous eûtes. Ils eurent.		. . . .	. . . .	. . . .	
PASSÉ INDÉFINI. J'ai eu. Tu as eu. Il a eu. Nous avons eu. Vous avez eu. Ils ont eu.	**FUTUR PASSÉ.** J'aurai eu. Tu auras eu. Il aura eu. Nous aurons eu. Vous aurez eu. Ils auront eu.	**PASSÉ.** J'aurais eu. Tu aurais eu. Il aurait eu. Nous aurions eu. Vous auriez eu. Ils auraient eu.	. . . .	**PASSÉ.** Que j'aie eu. Que tu aies eu. Qu'il ait eu. Que nous ayons eu. Que vous ayez eu. Qu'ils aient eu.	
PASSÉ ANTÉRIEUR. J'eus eu. Tu eus eu. Il eut eu. Nous eûmes eu. Vous eûtes eu. Ils eurent eu.		*On dit aussi:* J'eusse eu. Tu eusses eu. Il eût eu. Nous eussions eu. Vous eussiez eu. Ils eussent eu.	. . . .	. . . .	
PLUS-QUE-PARFAIT. J'avais eu. Tu avais eu. Il avait eu. Nous avions eu. Vous aviez eu. Ils avaient eu.	(1) REMARQUE. La seconde personne du singulier est presque toujours terminée par s.	. . . .	. . . .	**PLUS-QUE-PARFAIT.** Que j'eusse eu. Que tu eusses eu. Qu'il eût eu. Que nous eussions eu. Que vous eussiez eu. Qu'ils eussent eu.	

251. — Verbe auxiliaire ÊTRE.

M. INDICATIF		N. CONDITIONNEL	M. IMPÉRATIF	M. SUBJONCTIF	M. INFINITIF
PRÉSENT. S. Je suis. Tu es. Il *ou* elle est. P. Nous sommes. Vous êtes. Ils *ou* elles sont.	**FUTUR.** Je serai. Tu seras. Il sera. Nous serons. Vous serez. Ils seront.	**PRÉSENT.** Je serais. Tu serais. Il serait. Nous serions. Vous seriez. Ils seraient.	*Point de* 1re *personne.* S. Sois. P. Soyons. Soyez.	**PRÉSENT OU FUTUR.** Que je sois. Que tu sois. Qu'il soit. Que nous soyons. Que vous soyez. Qu'ils soient.	PRÉSENT, Être. PASSÉ. Avoir été. **PARTICIPES.** PRÉSENT. Étant. PASSÉ. Été, ayant
IMPARFAIT. J'étais. Tu étais. Il *ou* elle était. Nous étions. Vous étiez. Ils *ou* elles étaient.	. . . .	. . . .		**IMPARFAIT.** Que je fusse. Que tu fusses. Qu'il fût. Que nous fussions. Que vous fussiez. Qu'ils fussent.	1re REMARQUE. verbe employé seu[l] verbe *substantif* : suis malade, mon f[ils] a *été* laborieux. Il verbe *auxiliaire* qu[i] il aide à conjuguer autre verbe: Mon f[rère] est venu.
PASSÉ DÉFINI. Je fus. Tu fus. Il fut. Nous fûmes. Vous fûtes. Ils furent.	. . . .	. . . .	. . . .	. . . .	2e REMARQUE. participe passé du v[erbe] *être* est toujours in[va]riable : il a *été*, el[le a] *été*, ils ont *été*, e[lles] ont *été*.
PASSÉ INDÉFINI. J'ai été. Tu as été. Il a été. Nous avons été. Vous avez été. Ils ont été.	**FUTUR PASSÉ.** J'aurai été. Tu auras été. Il aura été. Nous aurons été. Vous aurez été. Ils auront été.	**PASSÉ.** J'aurais été. Tu aurais été. Il aurait été. Nous aurions été. Vous auriez été. Ils auraient été.		**PASSÉ.** Que j'aie été. Que tu aies été. Qu'il ait été. Que nous ayons été. Que vous ayez été. Qu'ils aient été.	
PASSÉ ANTÉRIEUR. J'eus été. Tu eus été. Il eut été. Nous eûmes été. Vous eûtes été. Ils eurent été.		*On dit aussi :* J'eusse été. Tu eusses été. Il eût été. Nous eussions été. Vous eussiez été. Ils eussent été.	. . . .	. . . .	
PLUS-QUE-PARFAIT. J'avais été. Tu avais été. Il avait été. Nous avions été. Vous aviez été. Ils avaient été		. . . .		**PLUS-QUE-PARFAIT.** Que j'eusse été. Que tu eusses été. Qu'il eût été. Que nous eussions été. Que vous eussiez été. Qu'ils eussent été.	

M. INDICATIF.		M. CONDITIONNEL.	M. IMPÉRATIF.	M. SUBJONCTIF.	M. INFINITIF.
Présent. J'aim e. Tu aim es. Il ou elle aim e. Nous aim ons. Vous aim ez. Ils ou elles aim ent.	**Futur.** J'aim erai Tu aim eras, Il aim era. Nous aim erons. Vous aim erez. Ils aim eront.	**Présent.** J'aim erais. Tu aim erais. Il aim erait. Nous aim erions. Vous aim eriez. Ils aim eraient.	*Point de 1re personne.* S. Aim e. P. Aim ons. Aim ez.	**Présent ou Futur.** Que j'aim e. Que tu aim es. Qu'il aim e. Que nous aim ions. Que vous aim iez. Qu'ils aim ent.	**Présent.** Aim er; **Passé.** Avoir aim é. **Participes.** **Présent.** Aim ant. **Passé.** Aim é, aim ée, ayant aimé.
Imparfait. J'aim ais. Tu aim ais. Il aim ait. Nous aim ions. Vous aim iez. Ils ou elles aim aient.	. . . . . .	. . . . . .		**Imparfait.** Que j'aim asse. Que tu aim asses. Qu'il aim ât. Que nous aim assions. Que vous aim assiez. Qu'ils aim assent.	Ainsi se conjuguent les verbes *adorer, agréer, chanter, créer, crier, danser, donner, habituer, louer, payer, travailler, visiter,* dont l'infinitif se termine en *er*, etc.
Passé défini. J'aim ai. Tu aim as. Il aim a. Nous aim âmes. Vous aim âtes. Ils aim èrent.	. . . . . .	. . . . . .			*Remarque.* Ce modèle se compose d'une partie invariable *aim,* que l'on appelle *radical,* et d'une suite de *finales* ou *terminaisons* variables.
Passé indéfini. J'ai aim é. Tu as aim é. Il a aim é. Nous avons aim é. Vous avez aim é. Ils ont aim é.	**Futur passé.** J'aurai aim é. Tu auras aim é. Il aura aim é. Nous aurons aim é. Vous aurez aim é. Ils auront aim é.	**Passé.** J'aurais aim é. Tu aurais aim é. Il aurait aim é. Nous aurions aim é. Vous auriez aim é. Ils auraient aim é.		**Passé.** Que j'aie aim é. Que tu aies aim é. Qu'il ait aim é. Que nous ayons aim é. Que vous ayez aim é. Qu'ils aient aim é.	Pour conjuguer un verbe régulier de la 1re conjugaison, il suffit donc de mettre le radical du verbe que l'on conjugue avant les terminaisons de chaque temps.
Passé antérieur. J'eus aim é. Tu eus aim é. Il eut aim é. Nous eûmes aim é. Vous eûtes aim é. Ils eurent aim é. (1)		*On dit aussi:* J'eusse aim é. Tu eusses aim é. Il eût aim é. Nous eussions aim é. Vous eussiez aim é. Ils eussent aim é.		. . . . . .	On obtiendra ainsi le présent de l'indicatif *j'agré e, tu agré es, il agré e, nous agré ons, vous agré ez, ils agréent;* l'imparfait de l'indicatif *j'agré ais, tu agré ais, il agré ait, nous agré ions, vous agré iez, ils agréaient;* le futur simple *j'agré erai, tu agré eras, il agré era, nous agré erons, vous agré erez, ils agréeront,* etc. On conjuguera de même: *je pay e, tu pay es, il pay e, nous pay ons, vous pay ez, ils payent; je payais, tu payais, il payait, nous payions, vous payiez, ils payaient; je payerai, tu payeras, il payera, nous payerons, vous payerez, ils payeront,* etc. *Je crie, tu cries, il crie, nous crions, vous criez, ils crient; je criais, tu criais, il criait, nous crions, vous criez, ils crient; je crierai* etc.
Plus-que-parfait. J'avais aim é. Tu avais aim é. Il avait aim é. Nous avions aim é. Vous aviez aim é. Ils avaient aim é.	(1) Il y a un deuxième passé antérieur dont on se sert rarement; le voici: *j'ai eu aimé, tu as eu aimé, il a eu aimé, nous avons eu aimé, vous avez eu aimé, ils ont eu aimé.*	. . . . . .		**Plus-que-parfait.** Que j'eusse aim é. Que tu eusses aim é. Qu'il eût aim é. Q. nous eussions aim é. Q. vous eussiez aim é. Qu'ils eussent aim é.	

253. — Seconde conjugaison, en ir.

M. INDICATIF.

PRÉSENT.
S. Je fin is.
Tu fin is.
Il fin it.
P. Nous fin issons.
Vous fin issez.
Ils fin issent.

FUTUR.
Je fin irai.
Tu fin iras.
Il fin ira.
Nous fin irons.
Vous fin irez.
Ils fin iront.

IMPARFAIT.
Je fin issais.
Tu fin issais.
Il fin issait.
Nous fin issions.
Vous fin issiez.
Ils fin issaient.

PASSÉ DÉFINI.
Je fin is.
Tu fin is.
Il fin it.
Nous fin îmes.
Vous fin îtes.
Ils fin irent.

PASSÉ INDÉFINI.
J'ai fin i.
Tu as fin i.
Il a fin i.
Nous avons fin i.
Vous avez fin i.
Ils ont fin i.

FUTUR PASSÉ.
J'aurai fin i.
Tu auras fin i.
Il aura fin i.
Nous aurons fin i.
Vous aurez fin i.
Ils auront fin i.

PASSÉ ANTÉRIEUR.
J'eus fin i.
Tu eus fin i.
Il eut fin i.
Nous eûmes fin i.
Vous eûtes fin i.
Ils eurent fin i. (1)

PLUS-QUE-PARFAIT.
J'avais fin i.
Tu avais fin i.
Il avait fin i.
Nous avions fin i.
Vous aviez fin i.
Ils avaient fin i.

(1) Il y a un 2e passé antérieur peu employé : J'ai eu fini, tu as eu fini, etc.

M. CONDITIONNEL.

PRÉSENT.
Je fin irais.
Tu fin irais.
Il fin irait.
Nous fin irions.
Vous fin iriez.
Ils fin iraient.

PASSÉ.
J'aurais fin i.
Tu aurais fin i.
Il aurait fin i.
Nous aurions fin i.
Vous auriez fin i.
Ils auraient fin i.

On dit aussi :
J'eusse fin i.
Tu eusses fin i.
Il eût fin i.
Nous eussions fin i.
Vous eussiez fin i.
Ils eussent fin i.

M. IMPÉRATIF.

Point de 1re personne.
S. Fin is.
P. Fin issons.
Fin issez.

M. SUBJONCTIF.

PRÉSENT OU FUTUR.
Que je fin isse.
Que tu fin isses.
Qu'il fin isse.
Que nous fin issions.
Que vous fin issiez.
Qu'ils fin issent.

IMPARFAIT.
Que je fin isse.
Que tu fin isses.
Qu'il fin ît.
Que nous fin issions.
Que vous fin issiez.
Qu'ils fin issent.

PASSÉ.
Que j'aie fin i.
Que tu aies fin i.
Qu'il ait fin i.
Que nous ayons fin i.
Que vous ayez fin i.
Qu'ils aient fin i.

PLUS-QUE-PARFAIT.
Que j'eusse fin i.
Que tu eusses fin i.
Qu'il eût fin i.
Que nous eussions fini.
Que vous eussiez fin i.
Qu'ils eussent fin i.

M. INFINITIF.

PRÉSENT. Fin ir
PASSÉ. Avoir fi[ni]

PARTICIPES.
PRÉSENT. Fin i[ssant]
PASSÉ. Fin i, û[...] ayant fin i.

Ainsi se conju[guent] avertir, bâtir, béni[r], [démol]tir, démolir, embell[ir], [ens]evelir, fleurir, fro[ncir], grandir, guérir, haï[r], punir, remplir, tou[...]

Pour conjugue[r ces] verbes, mettez le r[adical] invariable avert, bâ[t], chér, démol, embell, [ens]ev, fleur, franch, g[ué]r, ha, obé, pun, [ré]un, etc., avant les [termi]naisons du modèle [...], et vous obtenez a[vertir] : j'avert is, tu avert[is], avert it, nous avert is[...]e, avert issez, ils [avert]issent; j'avert issais.

3. Haïr fait au pr[ésent] de l'indicatif, je ha[ïs], haïs, il haït, et à l'i[mpé]ratif haïs; ou pro[nonce] je haïs, tu haïs, il haït.

Aux deux prem[ières] personnes du plur[iel du] passé défini et à la [troi]sième personne du [sin]gulier de l'imparfa[it du] subjonctif, le tréma [rem]place l'accent circon[flexe]: n. haïmes, v. haïtes, [il] haït.

M. INDICATIF.		N. CONDITIONNEL.	M. IMPÉRATIF.	M. SUBJONCTIF.	M. INFINITIF.
PRÉSENT. Je reç ois. Tu reç ois. Il reç oit. Nous rec evons. Vous rec evez. Ils reç oivent.	**FUTUR.** Je rec evrai. Tu rec evras. Il rec evra. Nous rec evrons. Vous rec evrez. Ils rec evront.	**PRÉSENT.** Je rec evrais. Tu rec evrais. Il rec evrait. Nous rec evrions. Vous rec evriez. Ils rec evraient.	*Point de 1re personne.* S. Reç ois. P. Rec evons. Rec evez.	**PRÉSENT OU FUTUR.** Que je reç oive. Que tu reç oives. Qu'il reç oive. Que nous rec evions. Que vous rec eviez. Qu'ils reç oivent.	**PRÉSENT.** Rec evoir. **PASSÉ.** Avoir reç u. **PARTICIPES.** **PRÉSENT.** Recevant. **PASSÉ.** Reçu, reç ue, ayant reç u.
IMPARFAIT. Je rec evais. Tu rec evais. Il rec evait. Nous rec evions. Vous rec eviez. Ils rec evaient.				**IMPARFAIT.** Que je reç usse. Que tu reç usses. Qu'il reç ût. Que nous reç ussions. Que vous reç ussiez. Qu'ils reç ussent.	Ainsi se conjuguent *apercevoir, conc evoir, déc evoir, devoir. percevoir, redevoir.* 1re REMARQUE. Ces six verbes seulement se conjuguent comme le modèle *rec evoir.* Les autres verbes terminés en *oir* sont irréguliers.
PASSÉ DÉFINI. Je reç us. Tu reç us. Il reç ut. Nous reç ûmes. Vous reç ûtes. Ils reç urent.					En prenant *evoir* pour terminaison, on a pour radical de chacun de ces verbes *apere, conc, déc , perc , d , red.* Il suffit alors de placer après le radical la suite des terminaisons du modèle. On obtient ainsi: *Je d ois, tu d ois, il d oit, nous d evons, vous d evez, ils d oivent; je d evois,* etc.
PASSÉ INDÉFINI. J'ai reç u. Tu as reç u. Il a reç u. Nous avons reç u. Vous avez reç u. Ils ont reç u.	**FUTUR PASSÉ.** J'aurai reç u. Tu auras reç u. Il aura reçu. Nous aurons reç u. Vous aurez reç u. Ils auront reç u.	**PASSÉ.** J'aurais reç u. Tu aurais reç u. Il aurait reç u. Nous aurions reç u. Vous auriez reç u. Ils auraient reç u.		**PASSÉ.** Que j'aie reç u. Que tu aies reç u. Qu'il ait reç u. Que nous ayons reç u. Que vous ayez reç u. Qu'ils aient reç u.	
PASSÉ ANTÉRIEUR. J'eus reç u. Tu eus reç u. Il eut reç u. Nous eûmes reç u. Vous eûtes reç u. Ils eurent reç u. (1)		*On dit aussi:* J'eusse reç u. Tu eusses reç u. Il eût reç u. Nous eussions reç u. Vous eussiez reç u. Ils eussent reç u.			2o REMARQUE. Dans le verbe *rec evoir* on met une cédille sous le c, quand il est suivi de o, u. Il en est de même dans *apercevoir, décevoir, percevoir, concevoir.*
PLUS-QUE-PARFAIT. J'avais reç u. Tu avais reç u. Il avait reç u. Nous avions reç u. Vous aviez reç u. Ils avaient reç u.	(1) Voici le 2e passé antérieur peu usité: *j'ai eu reçu,* etc.			**PLUS-QUE-PARFAIT.** Que j'eusse reç u. Que tu eusses reç u. Qu'il eût reç u. Q. nous eussions reç u. Q. vous eussiez reç u. Qu'ils eussent reç u.	3o REMARQUE. On met un accent circonflexe sur u au participe passé masculin sing. de devoir et redevoir: *dû, redû.* On n'en met point sur *du* article.

255. — Quatrième conjugaison, en RE.

M. INDICATIF		M. CONDITIONNEL	M. IMPÉRATIF	M. SUBJONCTIF	M. INFINITIF
PRÉSENT. S. Je rend s. Tu rend s. Il rend. P. Nous rend ons. Vous rend ez. Ils rend ent.	FUTUR. Je rend rai. Tu rend ras. Il rend ra. Nous rend rons Vous rend rez. Ils rend ront.	PRÉSENT. Je rend rais. Tu rend rais. Il rend rait. Nous rend rions. Vous rend riez. Ils rend raient.	Point de 1re personne. S. Rend s. P. Rend ons. Rend ez.	PRÉSENT OU FUTUR. Que je rend e. Que tu rend es. Qu'il rend e. Que nous rend ions. Que vous rend iez. Qu'ils rend ent.	PRÉSENT. Rend re PASSÉ. Avoir ren du PARTICIPES. PRÉSENT. Rend ant PASSÉ. Rend u, ren du, ayant rend u.
IMPARFAIT. Je rend ais. Tu rend ais. Il rend ait. Nous rend ions. Vous rend iez. Ils rend aient.	. . . . . .	. . . . . .	. . . . . .	IMPARFAIT. Que je rend isse. Que tu rend isses. Qu'il rend ît. Que nous rend issions. Que vous rend issiez. Qu'ils rend issent.	Ainsi se conjug[uent] attendre, entend[re], mordre, pendre, [...]dre, répandre, ré[pon]dre, suspendre, tor[dre], vendre, etc.
PASSÉ DÉFINI. Je rend is. Tu rend is. Il rend it. Nous rend îmes. Vous rend îtes. Ils rend irent.	. . . . . .	. . . . . .	. . . . . .		1re REMARQUE. [No]tez les terminaisons [du] modèle après le ra[di]cal invariable atte[nd], entend, mord, pe[rd], perd, répond, répo[nd], tord, vend, etc., et v[ous] conjuguerez facilem[ent] ces verbes.
PASSÉ INDÉFINI. J'ai rend u. Tu as rend u. Il a rend u. Nous avons rend u. Vous avez rend u. Ils ont rend u.	FUTUR PASSÉ. J'aurai rend u. Tu auras rend u. Il aura rend u. Nous aurons rend u. Vous aurez rend u. Ils auront rend u.	PASSÉ. J'aurais rend u. Tu aurais rend u. Il aurait rend u. Nous aurions rend u Vous auriez rend u. Ils auraient rend u.	. . . . . .	PASSÉ. Que j'aie rend u. Que tu aies rend u. Qu'il ait rend u. Que nous ayons rend u. Que vous ayez rend u. Qu'ils aient rend u.	2e REMARQUE. D[ans] les verbes qui se t[er]minent au présent [de] l'indicatif par ds, [la] 3e personne du sing[u]lier est terminée [par] d et non par un t: [il] rend, il mord, il pe[rd], il répond, il vend.
PASSÉ ANTÉRIEUR. (1) J'eus rend u. Tu eus rend u. Il eut rend u. Nous eûmes rend u. Vous eûtes rend u. Ils eurent rend u.		On dit aussi: J'eusse rend u. Tu eusses rend u. Il eût rend u. Nous eussions rend u. Vous eussiez rend u. Ils eussent rend u.	. . . . . .	. . . . . .	
PLUS-QUE-PARFAIT. J'avais rend u. Tu avais rend u. Il avait rend u. Nous avions rend u. Vous aviez rend u. Ils avaient rend u.	(1) Le 2e passé anté- rieur peu usité est: J'ai eu rendu, etc.	. . . . . .		PLUS-QUE-PARFAIT. Que j'eusse rend u. Que tu eusses rend u. Qu'il eût rend u. Q. nous eussions rend u. Q. vous eussiez rend u. Qu'ils eussent rend u.	

SIXIÈME ESPÈCE DE MOTS.

LE PARTICIPE.

256. — Nous avons vu que le **participe** fait partie du verbe et qu'il y a le **participe présent** toujours terminé en **ant** et le **participe passé** qui a diverses terminaisons.

257. — Mais les participes ne sont souvent que des adjectifs qui varient en genre et en nombre selon le nom qu'ils qualifient. On dit : *un fils* **chéri**, *une fille* **chérie**, *des enfants* **chéris**, *des personnes* **chéries** ; *un homme* **obligeant**, *une femme* **obligeante**, *des hommes* **obligeants**, *des femmes* **obligeantes**.

Remarque. — Dans ce cas les participes passés sont employés sans les auxiliaires **avoir** et **être**.

258. — Mettez au féminin, puis au pluriel, soit masculin, soit féminin, 1° ces participes passés : Aimé, absous, attendu, chéri, connu, considéré, dissous, éclos, embelli, ému, enrhumé, enroué, poli, prévenu, puni, reclus, respecté, soumis, surpris, tempéré, vêtu, etc.

Rem.—*Absous* et *dissous* font au féminin *absoute*, *dissoute*.

2° Ces adjectifs en **ant** : Aimant, brillant, brûlant, caressant, dominant. éblouissant, effrayant. errant, étincelant, ignorant, intéressant, mouvant, obéissant, prévenant, prévoyant, souffrant, suivant, verdoyant, etc.

MOTS INVARIABLES.

SEPTIÈME ESPÈCE DE MOTS.

LA PRÉPOSITION.

259. — Quand je dis *l'instruction est utile*, la phrase est incomplète ; elle est complète, si j'ajoute *à l'homme*.

Le mot à qui sert à joindre l'adjectif *utile* à son complément *homme* se nomme **préposition**.

Dans ces phrases : *Le livre* de *Pierre est instructif*, *Je suis content* de *vous*, *Je reviens* de *la ville*, *Je pars* **pour** *la guerre*, *Cet homme est charitable* **envers** *les pauvres*,

les mots **de** , **pour** , **envers** , qui servent à lier *le nom,*
ou *l'adjectif*, ou *le verbe* à leurs compléments, sont des
prépositions.

Voici les principales prépositions :

A, après, avant, avec, chez, contre, dans, de, depuis,
derrière, dès, devant, durant, en, entre, excepté, envers,
hors, malgré, outre, par, parmi, pendant, pour, sans,
sauf, selon, sous, suivant, sur, vers, etc.

Les suivantes sont appelées **prépositions composées**
ou **locutions prépositives**, parce qu'elles sont formées
de plusieurs mots : A cause de, à force de, au-dessous
de, au-dessus de, au delà de, auprés de, faute de,
loin de, près de, quant à, vis-à-vis, etc.

HUITIÈME ESPÈCE DE MOTS.

L'ADVERBE.

260. — On peut dire : *Paul est laborieux,* ou *Paul est*
assez *laborieux*, **très-**laborieux, **aussi** *laborieux*, **moins**
laborieux, **plus** *laborieux*.

On dit aussi : Pierre parle *distinctement* ou Pierre parle
beaucoup, parle *bas*, parle *mal*, parle *correctement*.

On peut dire encore : *Cet enfant parle* **peu** *distincte-*
ment, **bien** *distinctement,*

Assez, très, aussi, moins, plus, qui modifient l'adjectif *laborieux;* **distinctement, beaucoup, bas, mal,**
correctement, qui modifient le verbe *parle ;* **peu , bien ,**
qui modifient l'adverbe *distinctement* , sont des **adverbes.**

Voici les principaux adverbes :

Ailleurs, alors, assez, aujourd'hui, auparavant, aussi, autant, autrefois, beaucoup, bien, certes, combien, d'abord.
demain, ensuite, guère, hier, jamais, ici, là, mieux, moins,
où, ne, non, oui, pas, point, peu. plus, premièrement,
quelquefois, souvent, tant. très, toujours, trop, volontiers,
assidûment, aveuglément, commodément, confusément,
grandement, méchamment, poliment, prudemment.

Locutions adverbiales :

A coup sûr, à la fois, à l'envi, au delà, coup sur coup, de
là, de suite, dès l'abord, peut-être, sens dessus dessous,
tout à coup, tout à fait, tout de suite, etc.

NEUVIÈME ESPÈCE DE MOTS.

LA CONJONCTION.

261. — Cette phrase : *il rit* et *il chante toujours* se compose de deux parties. Le mot **et** qui réunit la seconde partie *il chante* à la première *il rit*, se nomme **conjonction**.

Quand je dis *Pierre pleure* **parce qu'***il est triste*, le mot **parce que**, qui lie la deuxième phrase *il est triste* à la première *Pierre pleure*, est aussi une **conjonction**.

Voici les principales conjonctions :

Ainsi, car, cependant, comme, donc, et, lorsque, mais, ni, or, ou, puisque, quand, que, quoique, si, soit, etc.

Locutions conjonctives :

Afin que, ainsi que, attendu que, avant que, à moins que, bien que, de peur que, depuis que, dès que, en cas que, pourvu que, soit que, tandis que, vu que, etc.

DIXIÈME ESPÈCE DE MOTS.

L'INTERJECTION,

262. — Si j'apprends un malheur, je m'écrie : **ah !** ou **hélas !** *quel malheur;* si un spectacle admirable se présente subitement à mes yeux, je ne puis retenir cette exclamation : **oh !** *que c'est beau;* si je reçois une blessure, je pousse ce cri : **aïe !** Ces mots **ah ! hélas ! oh ! aïe !** sont appelés **interjections**.

Les mots suivants sont des interjections :

Ah ! aïe ! allons ! ça ! courage ! chut ! eh ! eh bien ! fi ! gare ! hé ! hélas ! holà ! oh ! silence !

FAUTES A CORRIGER.

Page 19, V. 3ᵉ, lisez... . . . IMBÉCILLITÉ
— 28, Nᵒ 49, écrivez ..... le FRIPIER.
— 31, Nᵒ 71, écrivez. . . ŒUF.
— 41, Nᵒ 97, 2ᵒ lisez.... UNE ENTAILLE.

www.ingramcontent.com/pod-product-compliance
Lightning Source LLC
Chambersburg PA
CBHW061246060726
47596CB00002B/471